做事之道

The Principles of Handling Affairs

王汉苗 编著

山東文藝出版社

图书在版编目（CIP）数据

做事之道 / 王汉苗编著. -- 济南 : 山东文艺出版社, 2025. 5. --（中华传统美德格言集萃丛书）.

ISBN 978-7-5329-7326-2

Ⅰ. D648-49

中国国家版本馆 CIP 数据核字第 2025ED5784 号

做事之道

ZUOSHI ZHIDAO

王汉苗 编著

主管单位 山东出版传媒股份有限公司
出版发行 山东文艺出版社
社　　址 山东省济南市英雄山路 189 号
邮　　编 250002
网　　址 www.sdwypress.com

读者服务 0531-82098776（总编室）
　　　　 0531-82098775（市场营销部）
电子邮箱 sdwy@sdpress.com.cn

印　　刷 山东新华印务有限公司
开　　本 880 毫米 ×1230 毫米 1/32
印　　张 6.625
字　　数 110 千
版　　次 2025 年 5 月第 1 版
印　　次 2025 年 5 月第 1 次印刷
书　　号 ISBN 978-7-5329-7326-2
定　　价 47.00 元

前言

中华文明源远流长、博大精深，孕育了中华民族宝贵的精神品格，培育了中国人民崇高的价值追求。中华传统美德是中华文化的精髓所在，积淀着中华民族最深层的精神追求，蕴含着中华民族最根本的文化基因，是中华民族生生不息、绵延不绝的道德支撑，也是担负新时代的文化使命、推进文化强国建设的动力之源。

党的十八大以来，习近平总书记高度重视中华传统美德的传承与弘扬，深刻指出中华传统美德是中华文化精髓，蕴含着丰富的思想道德资源，强调要实施公民道德建设工程，弘扬中华传统美德，引导人们向往和追求讲道德、尊道德、守道德的生活。特别是 2013 年 11 月，习近平总书记在曲阜考察时强调，要加强对中华优秀传统文化的挖掘和阐发，努力实现中华传统美德的创造性转化、创新性发展。习近平总书记一系列重要论述和指示批示要求，为新时代新征程赓续中华文脉、传承弘扬中华传统美德指明了前进方向，提供了重要遵循。

山东是中华文明的重要发祥地和儒家思想的发源地，有着丰厚的历史底蕴和宝贵的文化资源，“孟母三迁”“孔融让梨”等许多耳熟能详的美德故事都发生在这里。近年来，山东人民牢记习近平总书记嘱托，充分发挥“人文沃土可以深度耕作”的比较优势，把中华传统美德作为涵育社会主义核心价值观的重要源泉，在传承中创新，在创新中发展，推动全省公民道德素质和社会文明程度达到了一个新高度。

为深入学习贯彻习近平文化思想，贯彻落实习近平总书记对山东工作的重要指示要求，大力弘扬中华传统美德，更好发挥中华传统美德在培养时代新人、涵育时代新风中的重要作用，在山东省委宣传部的指导下，曲阜师范大学组织编撰了“中华传统美德格言集萃丛书”，共分《崇德之道》《做人之道》《做事之道》《待人之道》《持家之道》《爱国之道》《和合之道》七册。格言短小精悍、言简意赅、便于传诵，是讲述、传承、弘扬中华传统美德最通俗、最有效的方式。“天下兴亡，匹夫有责”的爱国之情、“民惟邦本，本固邦宁”的民本精神、“弟子入则孝，出则悌”的孝悌伦理、“言必信，行必果”的诚信之道等思想观念都凝练在中华传统美德格言之中。《中华传统美德格言集萃丛书》萃取朗朗上口、耳熟能详、简练而又寓意深刻的格言编纂而成，在辑选原则上，以“崇德”为统领，将中华传统美德分为“做人、做事、待人、持家、爱国、和合”六个递进主题，每个主题下细分三至五个子目。

为便于读者阅读和理解，本书以《中华经典名著全本全注全译丛书》（中华书局 2011—2023 年版）、《十三经注疏》（中华书局 1980 年版）、《二十四史全译》（汉语大词典出版社 2004 年版）等广受认可的经典名著为依据，对格言中艰涩难懂的字词加以注释，结合典故和案例对全句进行生动解读并引入拓展阅读，既提高了书籍的可读性，又有助于读者更深入地理解格言的内涵和精神、更好地培养良好的道德品质和行为习惯。

千帆一道带风轻，奋楫逐浪天地宽。编写这套普及读物，只是传承弘扬中华优秀传统文化的一种努力。新时代新征程，我们将始终保持礼敬传统、赓续文脉的炽热情怀，踔厉奋发，笃行不怠，努力为文化传承发展事业做出新的更大贡献！

编　者

2025 年 3 月

目录

前言

一　志存高远

二　敬业奉献

三　务实创新

四　善始善终

五　廉洁奉公

六　乐观豁达

一 志存高远

三军❶可夺❷帅也，匹夫不可夺志也。

出处

《论语·子罕》

注释

❶ 三军：军队的通称。
❷ 夺：改变。

译文

军队的统帅可以被改变，但是一个人的志向是不能被改变的。

解读

“三军可夺帅也，匹夫不可夺志也”，强调了个人理想信念和志向的坚定性。志向是人生的灯塔，是前进不止的动力。只有树立起远大的理想与志向，才能勇挑重担、甘愿付出，才不会在遇到困难时彷徨、犹豫与退缩，始终保持旺盛的斗志。

孔子一生命运多舛，他三岁丧父，与母亲艰难度日，所以当太宰疑惑他为何如此多才多艺时，孔子道出了“吾少也贱，故多能鄙事”（《论语·子罕》）的辛酸。即便生活贫苦艰辛，但“吾十有五而志于学”（《论语·学而》）的志向却从未改变。因此，在十七岁丧母的两年后，孔子就凭一己之力娶妻生子。儿子出生时，“鲁昭公以鲤鱼赐孔子”（《孔子家语·本姓解》）。可见，好学使孔子赢得尊重与认可，也是他后来成为精通六经、高山景行的“至圣先师”“万世师表”的重要原因。

在中华优秀传统文化中，志存高远是仁人志士一贯看重的品质，也是评价人格修养高低的重要标准。他们坚信“志不立，天下无可行之事”，倡导立鸿鹄之志，认为大丈夫立志“穷当益坚，老当益壮”，在任何时候都不能失去志向。特别是在遭遇贫穷、挫折、痛苦之时，更应该以“穷则独善其身，达则兼善天下”的浩然之气挺立于天地之间。

“三军可夺帅也，匹夫不可夺志也”告诉我们，无论外部环境发生怎样的变化，抱有坚定的信念和志

向都至关重要，“志之所向，金石为开”。如果没有坚定的志向，不仅难握安身立命之本，也难以担当时代赋予的使命。因此，我们要做足立志功夫，挺起中国人的脊梁，不畏风雨，持之以恒地完成时代赋予我们的使命。

拓展阅读

2000多年前，十九岁的霍去病深入敌境，大破匈奴；2000多年后，二十六岁的汪滔创立大疆创新科技有限公司。历经几年艰苦奋斗，大疆成为中国乃至世界无人机行业当之无愧的王者。古今中外，不计其数的年轻人为了理想而奋斗的故事数不胜数。如今，物质上的丰裕难抵精神上的匮乏，志向不明、无所事事成为年轻一代面临的主要问题。接过历史的接力棒，以鸿鹄之志铸有为之身，展“为民之翼”，聚“高飞之能”，让奋斗成为青春最亮丽的底色，做新时代的奋斗者，这才是一个人最美的样子。

志不强者智不达。

出处

《墨子·修身》

译文

如果一个人的意志不坚强，那么他的智慧就得不到充分的发挥，也就无法达到很高的境界。

解读 “志不强者智不达，言不信者行不果。”在这里，墨子通过志与智、信与行，说明了强烈且坚定的意志和诚信的品格是个人成长和成功的关键，也是人格修养的基础。志不立，天下无可行之事；人无信不立。只有拥有坚定的意志，才能不断追求智慧的提升；只有保持诚信，才能赢得他人的信任和尊重，从而实现自己的人生价值。

“志不强者智不达”，短短七个字，突出了坚定的意志对于智慧发挥的重要性。拥有坚定意志的人面对艰难险阻往往迎难而上，毫无畏惧，在不断克服困难与挑战中积累知识与经验，成就一番事业；而那些缺乏坚定意志之人，纵然智慧超群，也易在困难面前退缩，错失良机。古往今来，凡是有大成就的人，都是意志力、天才与勤奋的结合。坚定的意志犹如一个人的精神统帅，意志力强，才能充分地发挥智慧。

“志不强者智不达”阐释了志向与智慧是相互统一、相互促进的。志向远大而坚定，则可激发出洞察力、判断力和解决问题的能力等智慧，促使人达到更高的境界；而一个拥有志向和智慧的人也不会甘于平庸，尽管有时他们会因不合时宜而陷入困境，但他们坚守“不降其志，不辱其身”，在不断提升学识的同时坚定信念，静待黎明的到来。

“雄关漫道真如铁”，如今，中华民族伟大复兴进入了不可逆转的历史进程，每一个中华儿女都应该有“士不可以不弘毅，任重而道远”（《论语·泰伯》）的志气与骨气，努力学习，奋斗不止，将个人理想融入为人民服务之中，在奋斗中展现自身的才华与激昂，让岁月见证无悔人生。

拓展阅读

“孩儿立志出乡关，学不成名誓不还。埋骨何须桑梓地，人生无处不青山。”（《七绝·改西乡隆盛诗赠父亲》）这是十七岁的毛泽东在离开韶山前往长沙求学时，满怀豪情壮志地留给父亲的一首七言绝句。他以此诗来表达自己离开家乡求学，希望改变自己与国家命运，且学不成名誓不还的决心与抱负。他并没有当面交给父亲表达情感，而是将这首诗悄悄夹在了父亲每天都要查看的账簿里。从此，这位十七岁的少年远离亲人与家乡，踏上了追求真理与救亡图存之路。他一路披荆斩棘，“舍小家为大家”，带领中国共产党和中国人民走出困境，踏上康庄大道。

笃志❶而体❷，君子也。

出处

《荀子·修身》

注释

❶ 笃志：即专心一志，立志不变。指的是一个人有远大的志向和抱负，并且这种志向是坚定不移的。

❷ 体：身体力行，亲身实践。

译文

有坚定的意志并能身体力行去实践的人，就可以被称为君子。

解读 此格言出自“好法而行，士也；笃志而体，君子也；齐明而不竭，圣人也”。在这里，荀子强调了修身养性的重要性，并根据道德修养和智慧的不同境界，将人分成士、君子、圣人三个层次。其中，喜欢礼法而且能够践行的，是士；意志坚定又能亲身实践的，是君子；无所不明而其智慧又永不枯竭的，是圣人。圣人难成，君子便成为儒家知识分子追求的理想人格。

“笃志而体，君子也”，短短七个字，不仅仅是对君子的赞誉和肯定，更是对我们每个人的鞭策和激励。何为君子？《论语》中给出了诸多描述，如“君子无所争”“君子怀德”“君子成人之美”“君子谋道不谋食”，等等。可见，仁德、智慧、勇敢、守礼、勤劳、忍耐等品行都是君子所应具备的。当然，这并不是说君子必须完美无缺，而是强调君子的品行要在不断追求自我完善的过程中逐渐具备。通过不断努力和实践，人们可以向着君子的理想人格迈进，成为一个具有高尚品德的人。

“笃志而体，君子也”蕴含着丰富的人生哲理。它告诉我们，为人应做君子，而要成为君子，首先要有坚定的志向。志向是人生的指南，有了坚定的志向，才能在人生的道路上不迷失方向，勇往直前；亲身实践也是成为君子的必要条件。志向只有通过实践才能实现，否则就只能是空想。因此，我们要勇于将志向付诸实践，通过实际行动来检验和实现自己的志向，这也是儒家所倡导的知行合一的价值所在。

拓展阅读

“君子三患”是孔子提出的观点。所谓三患，是指“未之闻，患不得闻；既得闻之，患弗得学；既得学之，患弗能行。”（《孔子家语·好生》）意思是说，君子有三种担忧：自己未曾听说过某种道理或知识，害怕自己听不到它；已经听说了某种道理或知识，但害怕自己不能去学习它；已经学习了某种道理或知识，但害怕自己不能去实践它。可见，知行合一是君子的重要品格。荀子将求知过程概括为闻、见、知、行四个不同的阶段与层次，提出了“不闻不若闻之，闻之不若见之，见之不若知之，知之不若行之。学至于行而止矣”（《荀子·儒效》）的观点，而《礼记·中庸》则强调“博学之，审问之，慎思之，明辨之，笃行之”，突出了学习与思考最终要落实于实践的道理。这是古人对于学习、实践的一种深刻理解和总结，也是我们今天仍应遵循的重要原则。

人无善志❶，虽勇必伤。

出处

西汉·刘安《淮南子·主术训》

注释

❶ 善志：正确、积极、有意义的目标或志向。

译文

一个人如果没有好的志向，即使勇敢，也一定会受到伤害。

解读

此格言出自“国无义，虽大必亡；人无善志，虽勇必伤”，这句话总体上道出了仁义与志向对国家和个人成功的重要性。王守仁讲，“志不立，天下无可成之事”（《教条示龙场诸生》）。可是，立志必须以善为前提，要立正志、立善志、立符合道义之志。有了良好的志向，才能站得高，看得远，想得深，做得实，无惧风雨，披荆斩棘，一往无前，走向成功。相反，不立善志，无非就是为个人的利益而争斗，最终迷失方向，愈勇愈伤。

在中国传统文化中，“志”与“勇”是一对有着重要关系的品质：“志”为“勇”提供了目标和动力，使个人的勇敢行为有了明确的方向和意义；“勇”则为“志”的实现提供了必要的保障和支持，使个人的理想和抱负得以在实践中实现。以“气”养“勇”，以“义”配“勇”则是主流所指，故有“君子有勇而无义为乱，小人有勇而无义为盗”（《论语·阳货》）之说，也反对好勇不好学、勇而无礼者，以及以不逊为勇者的做法，倡导见义则为的勇气与勇者不惧的浩然之气。

“人无善志，虽勇必伤”在现代仍具有重要意义。时任厦门大学校长张荣曾寄语毕业生，做社会人要存善心、成善才、行善举、立善志；时任南京大学校长陈俊给即将走出校门的毕业生提出了三点期望：“立善志，坚定信念”“兴善业，顶天立地”“求善德，一生平安”。谆谆教诲，“善”字当头。立善志，还需要有面对困难决不退缩的勇气，只有志向和勇气相互匹配、相互促进，才能在人生道路上更加从容自信，更加坚定有力地走向未来。

拓展阅读

吕布出生于寒微家庭，他身高八尺，相貌俊美，为人骁勇且善于弓马骑射，有着“人中吕布、马中赤兔”的赞誉。但他野心不小，为了达到目的，背信弃义，有勇无谋。在《三国演义》中，吕布在董卓的诱惑之下杀了对他有知遇之恩的丁原，后又因貂蝉中了王允的美人计，杀害董卓。后依靠刘备，又多次与刘备和解，数次背叛。最后被曹操擒住，曹操因其反复无常、不可信任将其缢杀并枭首。《周易·系辞下》云：“德薄而位尊，智小而谋大，力小而任重，鲜不及矣。”一个人德行浅薄却占据高位，智慧有限却要自作聪明地谋划大事，能力有限却要不自量力地承担重任，这三种情况很少有不招致灾祸的。因此，只有立善志，持守道德理念，有智有谋，才能成就一番大事业。

心欲❶小❷而志欲大，智欲员❸而行欲方❹。

出处

西汉·刘安《淮南子·主术训》

注释

❶ 欲：需要，引申为应该。

❷ 小：不是指心胸狭窄或格局小，而是指谨慎、细致。

❸ 员：通“圆”，指灵活、变通和周全。

❹ 方：方正。

译文

心中的想法要细密而志向要宏大，智虑要周全而行事要方正。

解读 这句话指出了做人的原则，这不仅是治理天下应具备的主观条件，而且也是每个人为人处世的基本原则。

“心欲小而志欲大”，不是指心胸狭窄或格局小，而是指考虑问题时要心思缜密，要有防患于未然的先见之明，且志向远大，有抱负，敢于克服各种困难，向着既定目标努力。“智欲员而行欲方”则告诫人们要有圆融的思维，能灵活应对各种复杂情况，找到解决问题的最佳方案；但品行要端正，坚守道德底线，遵守法律法规，敢于向一切违背道德与法律的人或事亮剑，做到“见利思义，见危授命”（《论语·宪问》）。可见，培养慎思细密、不骄不躁的心态，拥有志向远大、勇于逐梦的精神，懂得灵活变通的为人原则，养成刚正不阿的处世风格，从而涵养一套既内敛又进取，既灵活又有原则的人生哲学，才能助力幸福人生。

“心欲小而志欲大，智欲员而行欲方”这句古语蕴含着丰富的哲理，对一个人的成长及生活、工作都具有重要的启示意义。它告诉我们，在快节奏的现代社会，浮躁、急功近利的现象屡见不鲜，我们不能随波逐流。要做一个有责任感、敢于担当的人，就必须心中有志向，行动守规则，并用智慧去灵活应对各种困难与挑战，才能抵挡住各种不良风气的影响，避免行为失范与道德沦丧，实现自己的人生价值。

拓展阅读

《旧唐书·孙思邈传》记载，“药王”孙思邈在谈治病时提到“胆欲大而心欲小，智欲圆而行欲方”，并给予了解释：“‘如临深渊，如履薄冰’，谓小心也；‘赳赳武夫，公侯干城’，谓大胆也。‘不为利回，不为义疚’，行之方也；‘见机而作，不俟终日’，智之圆也。”这句话整体上是在描述人在不同情境下应有的行事智慧：在需要谨慎时，要如临深渊，如履薄冰；在需要勇敢时，要像赳赳武夫一样大胆前行；在行事原则上，要坚守正道，不为私利和道义所动摇；在智慧运用上，要灵活机智，见机而作。这些特质共同构成了一个完善、成熟的人格形象。

坚志者，功名之主也；不惰[1]者，众善之师也。

出处

东晋·葛洪《抱朴子·广譬》

注释

1 不惰：勤奋、勤勉。

译文

意志坚定，是建功立业的根本；
不懒惰，是一切善行的老师。

解读 此格言的后半句是：“登山不以艰险而止，则必臻乎峻岭矣；积善不以穷否而怨，则必永其令问矣。”大意是说，登山没有因为艰难险峻而放弃，就一定会到达山的顶峰；积善不因为自己穷困潦倒而埋怨，就一定会使自己的美誉长久。此格言强调了坚定意志和不懈努力的重要性，它们是取得功名和成为众人楷模的关键。

“坚志者，功名之主也”，突出了坚定的意志是取得成功的关键因素。无论是面对学业、事业还是做人，“志不强者智不达”，只有拥有坚定不移的信念与决心，伴之持续不断的努力与奋斗，才能理智地面对各种困难与挑战，保持对梦想的热爱和追求。

“不惰者，众善之师也”则提醒我们，勤奋不懒惰是一切善行的老师。勤奋是美德的基石，也是一切工作顺利开展的前提，“勤能补拙”“天道酬勤”“业精于勤”“一勤天下无难事”“书山有路勤为径”等成语或名言，无不阐明了勤奋不懒惰在培养美好品德和实现人生目标中的重要性。

一个人的成功，既需要有宏大的志向，也需要不懈的努力。“头悬梁，锥刺股，彼不教，自勤苦”“如囊萤，如映雪，家虽贫，学不辍”。千百年来，那些立志成才并为此勤耕不辍的榜样，无论遇到什么困难，总能坚其志，苦其心，劳其力，实现自己的人生理想，也为激励后人不断奋斗留下了宝贵的精神财

富。如今，中国式现代化正全面启航，每一个人都应传承“志坚不惰”的精神，坚信劳动是一切幸福的源泉。特别是广大青少年，要树立以辛勤劳动为荣、以好逸恶劳为耻的劳动观并身体力行，以坚韧、乐观、拼搏的青春之力，助力中华民族伟大复兴。

拓展阅读

元末明初著名政治家、文学家宋濂，自幼多病，家境贫寒，但是他特别聪慧好学。在《送东阳马生序》中，他较为详细地介绍了自己求学的辛勤和艰苦。他因家贫买不起书，经常借书然后抄写下来，按照约定好的日期归还。即使在特别寒冷的时候，砚池里的墨水结成坚冰，手指冻得不能屈伸，他也不敢放松。为了求学，他背着书籍，拖着鞋子，行走在深山峡谷之中，“穷冬烈风，大雪深数尺，足肤皲裂而不知”。后来他寄居在旅店内，同住的都是富家子弟，但他从不羡慕，因为他心中有比吃穿更重要的事。在坚定的意志与勤学苦读之下，宋濂成为元末明初著名政治家、文学家、史学家、思想家，朝廷礼乐制度多为宋濂所制定，刘基赞其“当今文章第一”，明太祖朱元璋称他为“开国文臣之首”。

不戚戚❶于贫贱，不汲汲❷于富贵。

出处

东晋·陶渊明《五柳先生传》

注释

❶ 戚戚：忧愁的样子。

❷ 汲汲：极力营求、心情急切的样子。

译文

不为贫贱而忧愁，不热衷于发财做官。

解读 陶渊明引用齐稷下先生黔娄之妻的话“甘天下之淡味，安天下之卑位，不戚戚于贫贱，不汲汲于富贵。求仁而得仁，求义而得义”，来赞扬五柳先生的秉性志趣：他恬静少言，不慕荣利；他好读书，欣然忘食；他居室破陋，衣食不足，但安贫乐道。通过对五柳先生形象的刻画，陶渊明“颇示己志”，表达自己的志向与追求。

对贫贱与富贵的态度是衡量一个人价值理念与社会责任感的重要标准。在中华传统文化中，“谋道不谋食”成为有识之士的终极追求。“饭疏食饮水，曲肱而枕之，乐亦在其中矣。不义而富且贵，于我如浮云。”（《论语·述而》）孔子认为，有志君子不会为吃穿奔波，对于违背道义而得来的富贵视如天上浮云，转瞬即逝，毫不在意。“富贵不能淫，贫贱不能移，威武不能屈，此之谓大丈夫。”（《孟子·滕文公下》）孟子指出，真正的大丈夫，内心持有稳定的道义之锚，富贵不能使他腐化堕落，贫贱不能使他改变志向，武力也不能使他屈服。无论面对怎样的人生境遇，都能进退自如。

面对贫贱与富贵做出怎样的选择，既决定着一个人幸福与否，也是君子与小人的分水岭。“骄富贵者戚戚，安贫贱者休休”（林逋《省心录》），说以富贵为骄傲的人总是忧愁满面，安于贫贱的人总是安闲自得。忧乐虽系于物，却源于心。所以，坦荡的君子“有终身之乐，无一日之忧”（《孔子家语·在厄》），小人则是“有终身之忧，无一日之乐”。故程子言，“君子循理，故常舒泰；小人役于物，故多忧戚”（《论语集注》）。

当然，“天下熙熙，皆为利来；天下攘攘，皆为利往”（《史记·货殖列传》），追求名利本是正常，也是激发人奋进的动力之一，但若背道而行，“戚戚于贫贱，汲汲于富贵”，在面对善恶抉择之时就不会太坚定，也难以达到大丈夫重功勋而轻俸禄的境界。

拓展阅读

“富与贵，是人之所欲也；不以其道得之，不处也。贫与贱，是人之所恶也；不以其道得之，不去也。君子去仁，恶乎成名？君子无终食之间违仁，造次必于是，颠沛必于是。”（《论语·里仁》）这是孔子对于道德、富贵与贫贱之间关系的深刻见解。孔子认为，趋利避害是人性使然，追求富贵摆脱贫贱无可厚非，但一定要坚守住“见利思义”的道德底线，无论环境如何变化，都要坚守仁德，不离不弃。这句话也警示现代人，在物欲横流，各种诱惑充斥于社会各个角落的当下，以合乎道德、正义且正当的方式生活，才是君子所为。

古之立大事者，不惟有超世之才，亦必有坚忍不拔之志。

出处

北宋·苏轼《晁错论》

译文

自古以来能够成就伟大功绩的人，不仅要有超凡出众的才能，还一定要有坚忍不拔的意志。

解读 此格言的后半句是："昔禹之治水，凿龙门，决大河而放之海。方其功之未成也，盖亦有溃冒冲突可畏之患；惟能前知其当然，事至不惧，而徐为之图，是以得至于成功。"在这里，苏轼通过分析大禹在治水过程中预见到困难，并凭借着坚定意志最终成功之事，提出了一个更为深刻的见解：晁错自身在逆境面前缺乏坚强的意志和临危不惧的精神，无形中为政敌提供了可乘之机，最终导致了他以悲剧收场。苏轼深谙英雄豪杰成就丰功伟业的原因，并将其总结为两大要素："超世之才"与"坚忍不拔之志"。"超世之才"不一定天赋异禀，但一定勤勉苦读，持之以恒。至于"坚忍不拔之志"，则更显其重要性。凡心怀鸿鹄之志欲攀事业高峰者，必经坎坷之路，饱尝风霜雨雪。若无高远之志和坚忍不拔之心，是难以跨越重重难关，实现自我超越的。

志向是成就伟大事业的必要条件，"志不强者智不达，言不信者行不果"，坚忍不拔的志向使人奋发向上。倘若一个人心中无志，就很难成就一番辉煌事业。许多人做事功亏一篑，并非因为才智不足，而是因为毅力欠缺，未能持之以恒。因此，纵使拥有"超世之才"，若无"坚忍不拔之志"，亦难以成就伟业。

古人云，"非知之难，行之惟难；非行之难，终之斯难"（《贞观政要·慎终》）。持之以恒地实践实属不易。通往山顶的道路上充满风雨与挑战，只有抓住人生的黄金期，立鸿鹄之志并与理想、意志相伴，初心不改，矢志不渝，才能到达别有洞天的人生和事业之境，体会到“一览众山小”的境界。

拓展阅读

黄旭华（1926—2025），中国核潜艇事业的开创者之一，以惊人的毅力和坚定的信念，书写了一段感人至深的传奇。1958 年，正值青春年华的黄旭华，面对祖国的召唤，毫不犹豫地投身于核潜艇的研制之中，从此踏上了一条长达三十年的隐姓埋名之路。在那个资源匮乏、技术落后的年代，他和他的团队凭借坚韧不拔的意志，从零起步，勇攀高峰。他们用算盘和计算尺替代计算机，磅秤代替精密仪器，拆解玩具模型获取设计灵感……经过无数个日夜的辛勤努力，攻克了一个又一个看似不可逾越的技术难关。1970 年，中国第一艘核潜艇在万众瞩目中成功下水，这不仅是对黄旭华及其团队多年心血最好的回报，更是中国综合国力提升的有力证明。1988 年，为了进一步验证核潜艇的实战能力，黄旭华亲自参与极限深潜试验，成为世界上首位参与此类试验的总设计师，展现了他对国家和人民深深的责任感和使命感。试验成功后，他挥毫写下“花甲痴翁，志探龙宫，惊涛骇浪，乐在其中”，道出了他对核潜艇事业无尽的热爱与执着。黄旭华的事迹，不仅是对科学精神的极致诠释，更是对伟大民族精神的生动展现。

志不立，天下无可成之事。

出处

明·王阳明《教条示龙场诸生》

译文

志向没有确立，在这个世界上就没有能够干成功的事情。

解读 这句格言完整表述如下："志不立，天下无可成之事。虽百工技艺，未有不本于志者。"在这里，王阳明教导学生，立志是做学问的根基与先决条件，若不能确立明确的志向，世间诸事皆难以圆满完成，即便是各类工匠的手艺，也都是凭借坚定的志向才得以学成。他还巧妙地运用反例进行比喻：志向不坚，犹如航船无舵、骏马失缰，只能随波逐流，肆意狂奔，最终又将归于何方呢？这一比喻深刻揭示了立志的重要性与迫切性，引人深思。

"三军可夺帅也，匹夫不可夺志也"（《论语·子罕》），"苟志于仁矣，无恶也"（《论语·里仁》）。立志很重要，孔子坚持"志于道，据于德，依于仁，游于艺"（《论语·述而》）。他认为，志向要通过"道"来实现，而"仁"则是"道"的根本体现，他希望通过确立志向的方法来培育个人的"仁德之性"。有了"仁德之性"，个人就不会去作恶，从而实现社会的有序运行。孟子则提出"我善养吾浩然之气"（《孟子·公孙丑上》），提倡以"浩然之气"培养自己的志向，涵养自己的心性。

"志不立，天下无可成之事"告诉我们，面对众多选择与诱惑，人们很容易迷失方向，而确立一个明确的志向对于个人成长与发展至关重要。它不仅是一个目标，更是一种内在的动力源，它会指引人主动去寻求机会，并以坚韧不拔之志去克服困难、迎接挑战，也会促使人承担起更大的责任和使命，从而推动个人全面发展与社会进步。放眼新时代，每一个中华儿女都要以实现中华民族伟大复兴为己任，增强做中国人的志气、骨气、底气，不负时代，笃行不怠。

拓展阅读

“立德、立功、立言”三不朽，最早见于《左传》。公元前549年，鲁国大夫叔孙豹前往晋国。晋国大臣范宣子亲自去迎接他，并向其讨教“死而不朽”之意。叔孙豹说：“太上有立德，其次有立功，其次有立言，虽久不废，此之谓不朽。”叔孙豹认为真正的“不朽”是指个人的德行、功业和学说能够长久流传。三不朽之说体现了中国传统文化对于个人价值和人生追求的深刻认识，对后世产生了深远影响。从古至今，孟子、司马迁、王阳明、李白、曾国藩，以及毛泽东、周恩来、钱三强、袁隆平、黄旭华等，都在各自的领域内，或以极高的道德修养，或以卓越的学术成就，或以突出的社会贡献，践行并传承着“三不朽”理念。

贫不足羞，可羞是贫而无志[1]。

出处

明·陈继儒《小窗幽记·集醒篇》

注释

[1] 志：志气。

译文

贫穷本身并不值得羞愧，真正让人羞愧的是贫穷而没有志气。

解读

“贫不足羞，可羞是贫而无志；贱不足恶，可恶是贱而无能；老不足叹，可叹是老而虚生；死不足悲，可悲是死而无补。”这句话深刻阐述了人生在贫、贱、老、死四种境况下的价值判断与道德评价标准，而“贫不足羞，可羞是贫而无志”则揭示了一种对于贫穷与志向的态度，突出了志气的重要性，提醒人们在面对贫困时不应放弃理想和追求，而应保持积极的心态，因为贫穷本身并不值得羞愧，真正值得羞愧的是贫穷却没有志气。

贫穷常被视作困厄之境，但它并非衡量个人价值与尊严的标尺。在漫漫历史长河中，无数仁人志士出身贫寒，却并未因此自惭形秽。舜发于畎亩之中，傅说举于版筑之间，胶鬲举于鱼盐之中，他们并未被贫困束缚，而是凭借坚定的信念与高远的志向，最终成就了非凡人生。

倘若身处贫困却毫无志向，往往会陷入一种消极的自我放弃状态。志向是驱使人们前进的内在动力，即使物资匮乏，但若拥有远大志向，就如同在黑暗中握住了火把，在荒芜中找到了方向。匡衡家贫，却立志读书，凿壁偷光，终成一代学问家；车胤家境贫寒，而志在求知；囊萤夜读，为后人传颂。他们于贫困之中坚守志向，用努力与汗水改写命运，其精神令人敬仰。

“人生在勤，勤则不匮。”在追求志向的道路上，往往会遇到各种困难与挫折，但只要坚定信念，勇往直前，就一定能够战胜困难，收获成功。用志向为人生赋能，以奋斗书写辉煌篇章，方能在有限的人生中创造无限的价值，让生命绽放出绚丽的光彩。

拓展阅读

2001 年中师毕业后，张玉滚回到了伏牛山深处的镇平县高丘镇黑虎庙村。在这个群山环绕的闭塞之地，他每个月拿着几十元的微薄工资，默默无闻地支撑着贫困山区的教育事业，一干就是十多年。他就像一轮明月，静静地守望着大山深处的孩子们。他爱岗敬业，勇挑重担；他无私奉献，不图回报。他手执教鞭能上课，拿起勺子能做饭，握起剪刀能裁缝，打开药箱能治病……二十多年的坚守成就了一个多面手，他也成为一盏明灯，照亮了山区孩子们的求学之路，点燃了一个个家庭的希望。他用高尚的品格诠释着新时代师德的内涵，展现出新时代人民教师的光辉形象。

二　敬业奉献

功崇[1]惟[2]志，业广惟勤。

出处

《尚书·周官》

注释

❶ 崇：崇高、伟大。
❷ 惟：由于，因为。

译文

巨大成就的取得，是因为有宏大的志向；丰功伟业的实现，在于勤奋不懈地努力。

解读

周成王曾告诫“有官君子”，即大夫以上有职事者，要忠于职守，勤于政务，不能怠惰疏忽。提到“功崇惟志，业广惟勤”，以此突出要取得伟大事业的成功，不仅要有坚定的意志，还要有勤奋的付出。

“功崇惟志”说明，要想取得卓越的成就，首先需要有坚定的志向和明确的目标。志向是引领进步的行动指南，只有树立了远大的志向，我们才有动力去追求更高的目标，实现人生理想。“业广惟勤”则强调了勤奋和努力的重要性。“业精于勤而荒于嬉，行成于思而毁于随”，勤奋是成功的基石，只有付出辛勤的汗水，才能不断提升自己各方面的能力，为事业成功夯实基础。

“功崇惟志，业广惟勤”，短短八个字道出了立志与勤勉在成就一番事业上的决定性作用。无论是个人的成功还是民族国家的振兴，都必须具备两个条件，一是立志，二是勤勉。其中，立志是前提，勤勉是保障。无志不足以行远，无勤则难以成事，立志与勤勉相辅相成，共同促进事业的成功。

我们何其幸也，生于这样一个伟大的时代，每个人都是这个时代的见证者和建设者。“志向 + 勤勉”模式的开启，预示着梦想成真并不难，只要肯撸起袖子加油干，人人都能成为新时代的最美奋斗者。

拓展阅读

江梦南，一个漂亮的瑶族女孩，1992 年出生于湖南省郴州市宜章县莽山瑶族乡永安村，半岁时因耳毒性药物导致极重度神经性耳聋，双耳听力几乎完全丧失。她从小就立志要当个好医生，要为和她一样的人减轻痛苦。她凭着一个字要学一万遍的坚强意志和常人难以想象的努力，以 615 分的高考成绩考入吉林大学药学院，顺利完成本科和硕士阶段的学业后，又成为清华大学的博士生，主攻肿瘤免疫和机器学习。这个失聪的女孩在无声里突围，像一朵迟开的花，正在最好的年华里怒放。“我从来没有因为自己听不见，就把自己看成了一个弱者。我相信自己不会比别人差，我也相信事情可以做得很好。”“父母安慰我，告诉我，听不见是既定的事实，与其怨天尤人，还不如用自己最大的努力去克服这点。”正是因为父母的执着和自己的坚强，江梦南历经千辛万苦，跨过了人生中一道道看似不可逾越的山峰。这个走过许多荆棘之路的女孩，必将被世界温柔以待。

为之不厌，诲人不倦。

出处

《论语·述而》

译文

不厌烦地做事，不懈怠地教人。

解读 此格言出自孔子与弟子公西华的一段对话。子曰：“若圣与仁，则吾岂敢？抑为之不厌，诲人不倦，则可谓云尔已矣。”公西华曰：“正惟弟子不能学也。”单独来看这句格言，说的是对于从事的某一事业或行业要不厌烦、不疲倦、不倦怠，但若放到格言的全文来看，意义更为深刻。

孔子在他那个时代，已经因博学成为百科全书式的人物，《论语》《孔子家语》《孟子》等经典文献中，大量有关国君问政及贵族子弟前来请教的记载足以证明这点，并且孔子享有“天纵之将圣，又多能也”（《论语·子罕》），“天下之无道也久矣，天将以夫子为木铎”（《论语·八佾》），“学不厌，智也；教不倦，仁也。仁且智，夫子既圣矣”（《孟子·公孙丑上》）等有关圣人、仁者的高度评价。但面对这些评价，孔子谦虚地说道，圣和仁怎么敢当，自己只不过是朝着圣与仁的方向去努力而不厌倦，教导别人而不知疲倦罢了。

孔子是伟大的教育家，他创办私学，结束了教育被贵族垄断的历史，为平民子弟开启了一条向上发展之路。为了更好地教书育人，他“默而识之，学而不厌”“发愤忘食，乐以忘忧，不知老之将至”（《论语·述而》），他“敏而好学，不耻下问”（《论语·公冶长》），“学如不及，犹恐失之”（《论语·泰伯》）。他为了教育勤奋而又积极进取，并采用有教无类、因材施教等方法，诲人不倦，正是对教师以身示范的最好诠释，也是老师敬业精神和人格风范的真正体现。

此格言蕴含着丰富的文化底蕴和教育哲学，在科技与知识更新换代不断加速的现代社会，我们对待学习和工作，满足于现状只会故步自封，只有持之以恒、坚韧不拔地不断学习，永不满足地遨游于知识的海洋，才能跟上时代的步伐。对于教师而言，以前常说“要给学生一碗水，自己要拥有一桶水”，现在这个要求已经不够了，教师应该拥有一潭水，甚至要拥有整个海洋。因此，只有尊重知识，追求智慧，分享己之所有，才能促进个人成长与社会进步。

拓展阅读

“恶有满而不覆者哉”一语出自《荀子·宥坐》，意思是说，怎么会有满了而不倾覆的呢？这是孔子在参观鲁桓公庙时，看到宥坐之器随着水的不断注入由倾斜到垂直再到最后倾覆时发出的感叹。宥坐之器，即放在座位右侧用来警示的器具。孔子说，听说这种器具空时倾斜，水装到一半就会端正，水满就会翻倒。他让学生往里加水，发现果真如此，于是孔子发出了上述感叹。此时，子路趁机问老师怎样才能保持盈满。孔子答道：聪明睿智，要用愚钝来保持它；功劳惠及天下，要用谦让来保持它；勇武盖世，要用怯懦来保持它；富可敌国，要用谦卑来保持它。

工欲善其事，必先利其器。

出处

《论语·卫灵公》

译文

工匠要做好活儿，首先必须具备精良锋利的工具。

解读 该格言出自子贡与孔子的一段对话：子贡问仁。子曰："工欲善其事，必先利其器。居是邦也，事其大夫之贤者，友其士之仁者。"在这里，孔子说明了实行仁道与工匠做工的关系，看似风马牛不相及的两件事，其实质是一样的。工匠在做工前打磨好工具，操作起来才会得心应手，达到事半功倍的效果，这也应了"磨刀不误砍柴工"这句话。实行仁道亦是如此，要先了解这个国家的情况，与贤达之士建立良好的关系，然后才能有施展抱负的机会，达到仁的目的。

"工欲善其事，必先利其器"说明，要想做好一件事情，准备工作特别重要，正所谓"兵马未动，粮草先行"。在中国传统名言警句中，强调事前准备和预见的有很多，如"智者见于未萌，愚者暗于成事"（《商君书·更法》），是说聪明人在事情尚未发生之时就预见到了，而愚蠢的人却对已经做成的事情还不明白；"为之于未有，治之于未乱"（《老子》），要求做事要在事情尚未发生以前就着手，治国理政要在祸乱没有产生以前就早做准备；"居安思危，思则有备，有备无患"（《左传》），是说要在处于安全环境时考虑到可能出现的危难，做好事先准备就可以避免或减少祸患带来的损失；《鬼谷子·忤合》则提出，某一策略或方法的应用要根据具体情况灵活调整，但突出"必先谋虑计定"，即必须先深思熟虑，做好周密的计划和安排。

可见，无论是做人还是做事都要提前进行规划，并选择适合自己的方法或工具，还要舍得付出时间、精力甚至金钱。只有做好充分准备，才能达到事半功倍的效果，最终走向成功。

拓展阅读

“凡事豫则立，不豫则废”出自《礼记·中庸》，这句话完整的表述是：“凡事豫则立，不豫则废。言前定则不跲（jiá），事前定则不困，行前定则不疚，道前定则不穷。”在这句话中，“豫”通“预”，是预备之意，指事先做好计划或准备；“立”指成就；“废”是败坏之意；“跲”则有绊倒、受阻的意思。整句话的意思是：做任何事情，如果事先有准备就能成功，没有准备就会失败。说话之前先想好要说什么，就不会结结巴巴；做事情之前先做好计划，就不会在执行时感到困惑；行动之前先确定好方向，就不会因为做错事而感到内疚；在人生的道路上提前规划好自己的方向和目标，就不会因为迷失方向而感到没有出路。

凡百事之成也，必在敬[1]之。

出处

《荀子·议兵》

注释

① 敬：恭敬谨慎。

译文

大凡事情的成功，一定在于恭敬。

解读 “凡百事之成也，必在敬之；其败也，必在慢之。”荀子通过这句话告诉我们，能在各种事业上取得成功的人一定是非常敬业的。态度决定成败，遇事恭敬谨慎，严肃对待，就易成功；相反，遇事倦怠，不积极进取，就会面临失败。因此，当樊迟向孔子请教何为仁时，孔子告之曰：“居处恭，执事敬，与人忠。虽之夷狄，不可弃也。”（《论语·子路》）孔子认为，生活起居端庄恭敬，做事情严肃认真，对待他人忠诚，无论到哪儿都不能废弃这些原则。

“敬”是儒家君子人格的重要表现之一，在孔子与弟子的对话中，他多次提到“敬”，如“敬事而信”（《论语·学而》）、“祭思敬”（《论语·子张》）、“修己以敬”（《论语·宪问》）、“言忠信，行笃敬”“事君，敬其事而后其食”（《论语·卫灵公》），等等。儒家认为，“敬”表现在个人修养、为人处世等多个层面：对人对事要尊重与恭敬；要谦逊谨慎，如“敬而无失”（《论语·颜渊》）“敬其事而后其食”；要礼貌热情，如“有礼者敬人”“敬人者，人恒敬之”（《孟子·离娄下》）。无论何时，无论遇到什么问题，只要肯恭敬谨慎，全力以赴去面对，成功就会离我们越来越近。

现代社会，“敬”字仍具有鲜活的生命力，“敬业”成为社会主义核心价值观的重要内容之一，各行各业也涌现出了无数敬业模范：“女包公”任长霞、“最美司机”吴斌、“时代楷模”张桂梅、“最美奋斗者”吴孟超……他们在不同的领域，在各自的岗位上，用责任与大爱诠释着“敬”，并使这一美德代代相传。

拓展阅读

“位卑未敢忘忧国。”这是华中科技大学1981级校友张定宇于2020年重返母校，为新生讲“开学第一课”时说过的一句话。这位2018年被确诊患上渐冻症的武汉金银潭医院院长，拖着病体，奋斗在“离炮火最近”的战场上。他知道，留给自己的时间不多了：“我必须跑得更快，才能跑赢时间，把重要的事情做完；我必须跑得更快，才能从病毒手里抢回更多病人；我必须跑得更快，才能帮助到更多家庭。”“我的生命早已不仅仅属于我自己，它属于英雄的中国人民。”即便在生命逝去后，他也要将自己献给国家，他做出了一个让人动容的决定：捐献遗体，用于渐冻症研究，希望为医学界做出贡献。这是一个共产党员最后的执着，也是对敬业精神最生动的诠释。铮铮铁骨，吾辈楷模。

治事必需通观全局，不可执一而论。

出处

清·钱泳《履园丛话·水学》

译文

在做事情时必须全面考虑整体情况，不能片面地看待问题或只关注某一方面。

解读 此格言出自："大凡治事，必需通观全局，不可执一而论。昔人有专浚吴淞而舍刘河、白茅者，亦有专治刘河而舍吴淞、白茅者，是未察三吴水势也。"钱泳在总结三吴地区（即太湖流域的吴郡、吴兴、会稽三郡）历代治水的利弊得失时指出，过去治水未能仔细观察水流形势，要么专注于疏通吴淞江却忽略了刘河与白茅河，要么只专注于治理刘河却舍弃了吴淞江与白茅河，这种顾此失彼的做法导致了治水的失败。因此，在处理事务时必须全面考虑整体情况，不能片面地看待问题或只关注某一方面。

这句格言揭示出整体与部分、全局与一隅的辩证关系。它告诫人们，在处理事务时要有全局观念，不能只见树木不见森林，不能因小失大或顾此失彼，应该始终从全局的高度辨是非、明对错、析利弊。

全局观念不仅关乎决策的质量，还会影响到资源的优化配置、事情的成败等，因此，自古以来，从整体上把控事态的进展，成为人们在处理问题时优先考虑的因素之一。清末民初经史学家陈澹然讲"不谋全局者，不足以谋一域"(《寤言二·迁都建藩议》)，有"锄一害而众苗成，刑一恶而万民悦"（《盐铁论·后刑》）一说，还有我们耳熟能详的"一屋不扫，何以扫天下"之言，无不诠释着全局观念在做事中的重要性。

敬业意味着个体对工作持有高度责任感与使命

感，它与全局观相辅相成，共同推动个人成长与社会发展进步：个体做好本职工作可以为全局提供保障，而全局观则又有利于促进个体敬业精神的提升。

拓展阅读

“锄一害而众苗成，刑一恶而万民悦”出自汉代桓宽编著的《盐铁论》，意思是说，除掉一个祸害，就能使众多禾苗茁壮成长；惩罚一个恶人，就能让万千百姓心悦诚服。

在国家治理上，必须赏罚分明，才能警示恶人，抚慰好人，达到诛一恶则众恶惧的效果。上军校尉蹇硕是汉灵帝身前的宠宦，是一个得罪不起的人物。曹操在担任洛阳北部尉期间，为了维护治安，制造了五色大棒，悬挂在衙门左右，并宣布“有犯禁者，皆棒杀之”。数月后，蹇硕的叔父夜行违禁，曹操便下令将其用五色棒处死。这一事件使得京城里的人收敛行为，无人再敢犯法。

落红[1]不是无情物，化作春泥更护花。

出处

清·龚自珍《己亥杂诗》（其五）

注释

[1] 落红：落花。

译文

从枝头上掉下来的落花不是无情之物，它化成了春天的泥土，还能起到培育下一代的作用。

解读 龚自珍是清代思想家、诗人、文学家和近代改良主义的先驱者，他的诗文常揭露清朝统治者的腐朽，洋溢着浓浓爱国之情，也展现了其为国奉献的伟大精神。诗人认为，作为个体，落花的生命虽然终止了，但它可化作春泥，还有着保护、滋养新的花枝的功能。它的生命以一种在下一代身上得以延续的方式存在，从而体现出生命的真正价值。这句诗不仅表达了诗人对自然生命的深刻感悟，也寄托了他对国家的赤诚之情和至死仍怀有的一腔热情，情愿在生命的最后时刻仍然能做出贡献。

每一个个体生命都会经历产生、发展及消亡的历程，但有的人随着生命的终结而被遗忘，有些人却永远活在人们心中。《史记·孔子世家》中有这样一段话：“天下君王至于贤人众矣，当时则荣，没则已焉。孔子布衣，传十余世，学者宗之。自天子王侯，中国言《六艺》者折中于夫子，可谓至圣矣！”

司马迁给予孔子高度赞扬，他认为天下之人实在是太多了，从君王至贤人，他们活着荣耀一时，死后也就没有什么了。但孔子作为一个平民，其学说却传了十几代，直到现在人们仍以其学说为准则，孔子真是至高无上的圣人啊！司马迁之所以发出如此感叹，就是因为孔子是“立德、立功、立言”三不朽的典范。

一个人要想不枉来到世上走一遭，让生命以最灿烂的方式绽放，就应当立足当下，将自己的梦想与国家民族的命运紧密相连，不畏艰难，勇往直前，在自己的领域做出应有的贡献。

拓展阅读

2005年3月，医学泰斗、云南神经外科奠基人李秉权教授逝世，遗体捐献给母校昆明医科大学，其骨架被制作成医学标本，陈列在学校生命科学馆内，供教学使用。他是云南省医学界遗体捐献第一人。2015年冬，李秉权的妻子、妇产科教授胡素秋随夫而去，在捐献眼角膜、肝、肾等给需要的病人后，也将遗体捐献。2019年，她的遗体也被制作成标本。9月25日，时隔十四年，她与丈夫站在了同一个玻璃框架中，以一种特殊的方式重逢，一起回到另一个讲台。白骨相见，没有惊骇，没有恐惧，有幸见者皆是感动。“生为医学教授，逝做无语良师”，学校如是注解这对杏林伉俪的人生。生为医，死为师，夫妻二人激励无数人立志成为医学专家。

三 务实创新

虑善[1]以动，动惟厥时[2]。

出处

《尚书·说命中》

注释

1. 善：妥善。
2. 时：时机。

译文

凡事考虑好再行动，行动时要抓住时机。

解读 此格言是殷商时期卓越的政治家傅说向商王武丁进言时的话，说明在做事情之前要考虑周详，行动时要选择适当的时机。它强调了谋定而后动，以及择时而动的重要性。

一个人无论做什么事，都要充分考虑到方方面面再行动，且要把握好时机，机不可失，失不再来，一旦错过时机就可能再无机会。“君子博学深谋，修身端行，以俟其时”（《荀子·宥坐》），“君子藏器于身，待时而动”（《周易·系辞下》）。要吸取教训，提高能力，提升品行，隐藏好实力，伺机而动，抓住得以大显身手的时机。

习近平总书记在谈到两岸关系等相关问题时曾引用此格言。“善”在这里说的是，着眼于两岸关系和平发展的大局，着眼于中华民族伟大复兴的大势。“时”则是“时机”之意，有什么样的行动，关键取决于有什么样的时机。多年来，两岸关系和平发展，合作共赢，我们必须把握好时机，携手建设两岸命运共同体。

“时不至，不可强生；事不究，不可强成”（《国语·越语下》）。时机未到，厚积薄发，静待花开；时机已到，扬帆起航。有智慧的人都懂得“时止则止，时行则行，动静不失其时，其道光明”（《周易·艮卦》）的道理，得志时奋力拼搏，失志时韬光养晦，真正做到“虑善以动，动惟厥时”。

拓展阅读

“时不至，不可强生；事不究，不可强成”，这是范蠡陪越王勾践在吴国做了三年臣仆归国后，面对勾践就如何妥善处理政事的发问而给出的回答。他劝诫急于一雪会稽被围之耻的勾践，大地生养万物，时令不到，不能勉强让其生长；功夫不够，也不能勉强成事。当务之急是发展经济，使国富民强，等待时机。于是，在范蠡和文种的辅佐下，越王发展生产，收揽人心，巩固团结，综合国力得以增强；军事上，精兵强兵，战斗力不断提高；外交上，针对“吴王兵强于齐晋，而怨结于楚”的情况，采用“亲于齐，深结于晋，阴固于楚，而厚事于吴”的方针，终于创造了战胜吴国的机会。公元前 473 年，越破吴都，迫使夫差自尽，勾践灭吴称霸，这距离会稽之战（勾践大败，屈辱求和）过去了整整二十一年。

凡益❶之道，与时偕行。

出处

《周易·益卦》

注释

❶ 益：收益、增益。

译文

事物当增益之时所体现的道理，都说明要配合其时施行得当。

解读　这句格言出自“天施地生，其益无方。凡益之道，与时偕行”。益卦是《周易》六十四卦中的一卦，上卦为巽，巽为风；下卦为震，震为雷。风雷激荡，是益卦的卦象。君子观此卦象，惊恐于风雷的威力，于是择善而从之，有过则改之。“天施地生，其益无方”是指自然界中天地万物的生成与繁衍是宇宙生生不息的源泉，它不受任何固定方向或形式的束缚；“凡益之道，与时偕行”则阐述了增益之道的核心要义，要实现个人的成长和社会的进步，就需要顺应时代的变化，不断前行。

清代学者段玉裁在注解《说文解字》时提到，“时”不仅仅是时间的计量，更是与具体问题、环境相联系的合宜之时。中华民族正是在“与时偕行”中形成了与时俱进的民族品格：从大禹治水、愚公移山的美丽传说到中国式现代化的行稳致远，从四大发明到上天揽月，从天人合一到人类命运共同体，从百年耻辱到中华民族伟大复兴……中华民族走过的历程时时处处彰显着自强不息的进取精神、与时俱进的创新精神、开放包容的国际视野与变革求新的发展思路。

“虽有智慧，不如乘势；虽有镃基，不如待时”（《孟子·公孙丑上》）旨在强调抓住时机的重要性；“时止则止，时行则行，动静不失其时，其道光明”（《周易·艮卦》）则强调动静行止只有适应时势的变化发展，才能有光明的前景。可见，自古而今，“凡益之道，与时偕行”都具有非凡意义。今天，它不仅是对个人行为的指导，也适用于国家、民族的发展。个人在进行职业规划、创业创新时，需要把握时机，做出正确的判断和选择。国家在制定政策、推动社会发展时，也需要顺应时代的变化，调整策略和方法，更好地为中国人民谋幸福，为中华民族谋复兴。

拓展阅读

“与时消息”出自《周易·丰卦》：“日中则昃，月盈则食，天地盈虚，与时消息。”意思是太阳运行到正午就会向西偏移，月亮圆满之后就会亏缺，天地间的圆满与缺失，都随着时间而消亡、生息。大自然是如此，人生亦是如此。“与时消息”体现出深邃的人生智慧，传达的是一种动态平衡的观念，即人的休养生息和图存振兴都要遵循自然规律。“与时消息”“与时偕行”“与时俱进”这三个成语都与“时”紧密相关，强调了适应时代变化、把握时机的重要性。也警示我们，在面对快速变化的世界时，要保持敏锐的洞察力，不断学习和创新，确保个人和社会的发展能够与时代同步。

天下大事，必作于细。

出处

《老子》

译文

天下的大事，都是从细小的地方一步步形成的。

解读 这句格言出自“图难于其易，为大于其细。天下难事，必作于易；天下大事，必作于细。是以圣人终不为大，故能成其大。夫轻诺必寡信，多易必多难”。老子秉持无为而治、顺应自然的理念，认为事物的发展都是从细微之处开始逐渐积累的，故做事要从小处着手，注重细节与积累。这句话也体现了老子朴素的辩证法思想，他认为，事物的发展往往从细微之处开始，量变的积累最终会导致质变的发生。因此，在处理问题时，应从容易的地方入手，从细微之处做起：统治者应当从细微处体察民情，顺应自然，而不是依靠强权和命令来推行政策；个人在修身养性时也应注重细节，保持谦虚和谨慎的态度。

由小见大、注重细节，自古以来都是成就大事的基础与前提。从商代箕子“见微以知萌，见端以知末”（《韩非子·说林》），到“天下之事，患常生于忽微”（《明道先生文集》），强调祸患经常产生于细微的事情之中。古圣先贤时刻在警示我们，“天下之事，成于惧而败于忽”（《左氏博议·郑伯侵陈大获》），只有从小处着手，做好细节，才能成就一番事业。

“天下大事，必作于细”这句话提醒我们，无论是工作还是学习都要认真对待每一个细节，这就要求我们要培养细心、耐心的品质，时刻保持专注与警惕，精益求精，避免因疏忽大意错失良机或酿成大祸。各级领导干部要抓实做细民生工作，解决好任何一件事关民生福祉的小事；在治国理政、高质量发展、展示国家形象等方面，也应关注民生细节，注重细节管理，塑造良好的国家形象。只有这样，我们才能更好地把握机遇，应对挑战，实现个人成长与国家繁荣。

拓展阅读

1930年，毛泽东在江西安远、寻乌和平远等地进行了为期十几天的社会调查。他召开调查会，深入田间地头，走访杂货店、豆腐坊、理发店等各种店铺，不放过任何一个细节，写出的《寻乌调查》堪称我党调查研究的典范之作。从米店小老板到塑胶大王、被誉为中国台湾“经营之神”的王永庆，为了打开米店的销路，亲自把米中的秕糠、砂石等杂物拣干净再出售。亲自送米上门，还帮助买家把米缸里的陈米拿出来，擦干净米缸再把新米放进去。正是他的细心服务，使米店的生意慢慢好了起来。“屁股对着领导，眼睛盯着客户”是华为倡导的价值理念。刚开始创业时，华为接待客户没有车，任正非就叫高管开他的车去接客户，自己则走着或坐公交车回家。他用自己的行动诠释着华为的价值理念。

欲速❶，则不达❷。

出处

《论语·子路》

注释

❶ 速：快。

❷ 达：达到。

译文

过于性急图快，反而不能达到目的。

解读 子夏做了莒父这地方的邑宰后，向孔子请教如何治理政事，孔子告诉他："无欲速，无见小利。欲速，则不达；见小利，则大事不成。"孔子告诉子夏做事时要耐心，要打好基础，稳步推进各项工作，不能单纯追求速度而忽视实际效果的道理。

从古至今，"欲速则不达"的道理渗透于政治、经济、军事、教育等各个方面。唐朝的贞观之治和宋朝的庆历新政都是通过逐步改革，最终达到国家治理的目的，避免了因急躁冒进导致社会动荡。"不违农时，谷不可胜食也；数罟不入洿池，鱼鳖不可胜食也；斧斤以时入山林，材木不可胜用也"（《孟子·梁惠王上》），突出了取之以时、用之有度方能实现可持续发展。

这一古老智慧在现代社会仍具有深远意义。现代社会，生活节奏快，人们面临的压力也大，常常急于求成，但往往又难以达到预期。这就提醒我们，要专注于提升自己的专业技能和知识储备，夯实事业发展的基础；要以实际行动为导向，做好合理规划，提高工作效率；要保持平和心态，注重积累，不急于求成，稳打稳扎，力求水到渠成。唯有如此，我们才能更好地适应不断加快的社会节奏，保持清醒的头脑和稳健的步伐，实现自己的目标与梦想。

拓展阅读

楚庄王，春秋五霸之一，是楚国历史上最有作为的国君之一。在位期间，他励精图治，奖掖人才，修明内政，赏罚分明，使楚国威名远扬。但就是这样一位君主，却在即位后三年内昏聩闭塞，贪图酒色，无所作为，招致大臣不满。有一天右司马坐在楚庄王的身旁问："有一只大鸟，停于大王的庭院之中，三年不飞也不叫，这是只什么鸟呀？"楚庄王知道这是在委婉地批评与劝诫自己，就说道："三年不翅，将以长羽翼；不飞不鸣，将以观民则。虽无飞，飞必冲天；虽无鸣，鸣必惊人。子释之，不谷知之矣。"(《韩非子·喻老》)于是，经过三年的沉淀，他亲理政务，废除不合理法令，颁布新法，诛杀不称职的大臣，选贤任能；又讨伐齐国，战胜晋国，召集诸侯会盟，最终一霸天下。

为者常❶成，行者常至。

出处

《晏子春秋·内篇》

注释

❶ 常：一般，通常。

译文

无论多么难做的事，总去做，通常会做成；无论多么遥远的路，总是走，通常能到达。

解读 这句格言出自齐国大夫梁丘据与晏子的一段对话。在此对话中，梁丘据谓晏子曰："吾至死不及夫子矣。"晏子曰："婴闻之，为者常成，行者常至。婴非有异于人也。常为而不置，常行而不休者，故难及也。"在这里，梁丘据认为自己至死也赶不上晏子，晏子以自身为例开导梁丘据：自己只不过是做个不停，走个不停罢了。成功并不是一蹴而就的，而是需要长时间的积累和努力，无论做什么事情，只要持之以恒，就有成功的可能。

习近平总书记曾多次强调"为者常成，行者常至"相关理念，旨在倡导大道至简，实干为要。空唱高调，蓝图再好也不过是画饼充饥；脱离行动，梦想再美也不过是黄粱一梦。历史不会辜负实干者。

自强不息，知行合一，是中华民族的优良传统。"锲而舍之，朽木不折；锲而不舍，金石可镂"（《荀子·劝学》），只有坚持，才能达到目标；"太山不让土壤，故能成其大；河海不择细流，故能就其深"（《史记·李斯列传》），只有不断接纳和积累才能成就伟大的事业；"只要功夫深，铁杵磨成针"，只要有毅力，坚持下功夫，就一定会取得成功。这些名言警句不仅为后世提供了宝贵的精神财富，激励后人不断前行，也塑造了中华民族坚韧不拔、自强不息的民族性格。

这句话所阐明的坚持行动的重要性，在当代社会依然具有深远的启示价值。在现代快节奏的生活中，人们常常面临各种挑战和困难，只有那些能够坚持不懈、持之以恒的人，才能在竞争中脱颖而出，实现自己的价值目标。

拓展阅读

晏婴是春秋时期齐国著名的政治家、思想家和外交家。他先后辅佐齐灵公、齐庄公和齐景公三代帝王五十余年。他身材矮小，“长不满六尺”(《史记·管晏列传》)，却聪颖机智，能言善辩。他以政治远见、外交才能和作风朴素闻名于诸侯，捍卫着齐国的国威。特别是其高尚的人格魅力及语言艺术，给后人留下了深刻的印象。《晏子春秋·谏上》记载，齐景公爱马如痴，因一匹爱马死去就发怒要肢解养马人。晏子让齐景公认识到了自己的错误，但齐景公仍坚持把养马人投入监狱。在这种情况下，晏子又通过列举养马人的三大罪状，让齐景公认识到了自己的错误，于是做出了“夫子释之！夫子释之！勿伤吾仁也”的决定。

道虽迩[1]，不行不至；事虽小，不做不成。

出处

《荀子·修身》

注释

1 迩：表示距离较近。

译文

路程即使很近，但不走就不能到达；事情即使很小，但不做就不能成功。

解读

“道虽迩，不行不至；事虽小，不做不成”道出了踏实笃行的重要意义。2018 年 5 月 2 日，习近平总书记在北京大学师生座谈会上，用此语号召广大青年学生知行合一，做实干家。并强调：“每一项事业，不论大小，都是靠脚踏实地、一点一滴干出来的。”

踏实笃行，是实现目标、获得成功的关键。中国传统文化的一个重要标识就是“行”。“天行健，君子以自强不息”（《周易·乾卦》），强调君子处世应像天一样，力求进步，刚毅坚卓，奋发图强，永不停息；“博学之，审问之，慎思之，明辨之，笃行之”（《礼记·中庸》），从博学、审问、慎思、明辨到最后的笃行，点明了一个完整的学习和实践过程。“笃行之”是这一过程的最终落脚点，将所学知识切实付诸实践是学习的目的所在，也是对荀子“学至于行而止矣”（《荀子·儒效》）的最好诠释。因此，陆游在其《冬夜读书示子聿》一诗中写道：“纸上得来终觉浅，绝知此事要躬行”，激励孩子不要片面满足于书本知识，而应在实践中夯实并进一步获得升华。

笃行是成功的关键，但也要循“礼”而动。要慎重行事，做到“三思而后行”（《论语·公冶长》）；要实事求是，“知之为知之，不知为不知”（《论语·为政》）；不能急于求成，因为“欲速，则不达”（《论语·子路》）；还要善始善终，因为“合抱之木，生于毫末；九层之台，起于累土；千里之行，始于足下”

（《老子》）。唯有如此，方能立足天下，有所作为。

拓展阅读

修身是中国传统文化的重要组成部分，也是中国哲学最生动的表达方式。在儒、释、道共同构建起的中华传统文化大厦上，儒家的进取、道家的清静、佛家的慈悲，分别为中华民族提供了积极进取的力量、心灵休憩的港湾和慈悲仁爱的胸怀。如何修身成为古圣贤不断探讨的问题，慎独、自省、自强、宽容、静心，修身心之道、修做人之道、修做事之道、修中庸之道、修君臣之道等，无一不建立在修身、齐家、治国、平天下之上。而“修齐治平”不仅自然而然地成为古代知识分子最崇高的人生信条，也是儒家的理想人格和政治理想。

苟[1]日新，日日新，又日新。

出处

《礼记·大学》

注释

❶ 苟：假设；如果。

译文

如果能够一天新，就应保持天天新，新了还要更新。

解读 汤之《盘铭》曰："苟日新，日日新，又日新。"这句九字格言被刻在商朝开国之君成汤的洗澡用具上，时刻警示他自强不息、创新不已。这里的"新"字本指洗去肌肤上的污垢，使身体焕然一新，引申为精神上的弃旧图新。从洗干净身体上的污垢并每天坚持，引申到精神上的洗礼、品德上的修炼和思想上的改造也应如此，不断地进行革新。通过动态、持续的过程，从思想层面强调了及时反省和不断革新的重要性。这句话常被用来提醒人们要不断地进行自我提升。

这种弃旧图新又持之以恒的思想，在中华优秀传统文化的传承与发展中从未缺席。曾子曰："吾日三省吾身"，通过自省发现自身不足并加以改正，达到不断进步的目的；老子主张万物皆处于不断变化发展之中，"有无相生，难易相成"等观点体现出对事物动态变化的深刻认知，也为"苟日新"的思想提供了一种哲学层面的思考背景，启发人们顺应变化，积极求变。宋代朱熹等大儒进一步强调要通过格物致知的方式不断探索，更新知识与认知，在学术与道德修养层面深入践行"日日新"的理念。明清有识之士更是秉持着不断革新的精神，试图在思想、制度等方面寻求突破，以积极应对时代的变迁与挑战。

"苟日新，日日新，又日新"作为中华传统文化中的精华，承载着中华民族对进步与发展的不懈追求。这种主动的、发自内心渴望改变与提升的意识，要求人们不断审视自身，摒弃陈旧、落后的观念与行为，向着更完善、更进步的方向迈进。这种持续革新的精神能够凝聚力量，让国家和民族始终充满朝气与活力，以积极向上的姿态屹立于世界民族之林。

拓展阅读

“周虽旧邦，其命维新”出自《诗经·大雅》：“文王在上，于昭于天。周虽旧邦，其命维新。”在这句话中，周文王禀受天命，昭示天下：周虽然是旧的邦国，但其使命在于革新，体现了周文王对创新的追求。这句话告诉我们，无论是历史悠久的国家还是文化，都需要不断革新和发展，才能适应时代变迁和社会进步。这样的观念表现于文字，潜藏在心灵，塑造着气质，决定着命运。在历史的关键节点，创新意识往往会成为推动社会进步的强大力量。这种精神在现代社会依然具有重要意义，提醒我们在尊重传统的同时，也要勇于创新和变革。

积力[1]之所举[2]，则无不胜也；众智之所为，则无不成也。

出处

西汉·刘安《淮南子·主术训》

注释

1 积力：集中力量。
2 所举：所要做的事情。

译文

集中众人的力量去做事，就没有不能战胜的困难；集合众人的智慧去行动，就没有不能完成的任务。

解读 这句话强调了集体力量和智慧的重要性。中国古代哲学已经认识到个人力量的有限性和集体力量的无穷性，强调集体主义，认为通过团结合作，集中力量和智慧，可以克服任何困难，完成任何任务。

在中国传统文化中强调集体力量与智慧的名言很多，“二人同心，其利断金；同心之言，其臭如兰”（《周易·系辞上》），突出同心同德就能发挥巨大的力量；“万人操弓，共射一招，招无不中”（《吕氏春秋·孟春纪》）则阐述目标一致并经过共同努力就能遂心如愿；“夫众煦（xǔ）漂山，聚蚊成雷，朋党执虎，十夫桡（ráo）椎”（《汉书·中山靖王刘胜传》）也说明了集体智慧、众人力量所爆发出的巨大能量。2017 年 1 月 17 日，国家主席习近平在世界经济论坛 2017 年年会开幕式上引用此格言，表明在处理国际关系时，中国愿意与其他国家守望相助，携手同行。

当今社会，无论是个人还是国家，都面临着日益复杂多变的生活、生存及竞争环境，单靠一己之力往往难以应对各种复杂情况。只有凝心聚力，汇聚集体的力量与智慧，相互碰撞，相互启发，才能产生更多、更好的创意和解决方案。这不仅有利于个人的成长与发展，也能提高办事的效率与成功率。滴水难成海，一木不成林，任何一个人都不能独立于社会而存在，任何一个国家也不能遗世独立，只有同舟共济，美人之美，才能携手创造世界的美好未来。

拓展阅读

1984年，北京成功击败日本广岛，获得了举办第十一届亚运会的资格，这是中国历史上第一次承办大型国际性综合运动会。筹办亚运会需要25亿资金，这对于当时经济基础薄弱的中国来说是一笔巨款。好不容易凑齐了19亿，还有6个亿的缺口。在这种情况下，春晚上张明敏的一首《我的中国心》点燃了无数中华儿女浓浓的爱国情。于是，“为亚运捐款”成为公众流行语。在这股热潮的带动下，近两亿中华儿女齐心协力，捐款、捐物，集资总额达7亿元。张明敏为此召开了154次个人演唱会，香港爱国富商霍英东捐赠一亿元建造英东游泳馆……1990年，亚运会如期举办，《亚洲雄风》唱遍大江南北，全世界看到的是中国人万众一心、团结向上的精神面貌。

知屋漏者在宇①下，知政失者在草野②。

出处

东汉·王充《论衡·书解篇》

注释

① 宇下：指房屋内部的空间范围。
② 草野：指代民间，也就是广大普通百姓所生活的基层社会环境。

译文

真正住在屋檐下的人才能深切体会房顶漏雨的危害，深入民间社会的人才能切身察知政令出现的问题。

解读 此格言揭示出，要想了解实情必须深入基层，只有这样才能做出更加准确的判断与决策。“知屋漏者在宇下”，只有身处屋檐之下的人，才能真正发现房屋是否漏雨；“知政失者在草野”，政策是否科学合理，只有最直接的利益相关者才能体会到。王充利用这句话向为政者发出呼吁：不要总站在庙堂之上，而是要深入基层了解实情，只有这样，制定的政策才能符合实际，老百姓才能得到真正的实惠。

2016年4月19日，习近平总书记在网络安全和信息化工作座谈会上的讲话中首次引用此格言。他指出，很多网民称自己为“草根”，那网络就是现在的一个“草野”。网民来自老百姓，老百姓上了网，民意也就上了网。群众在哪儿，我们的领导干部就要到哪儿去，不然怎么联系群众呢？各级党政机关和领导干部要学会通过网络走群众路线，经常上网看看，潜潜水、聊聊天、发发声，了解群众所思所愿，收集好想法好建议，积极回应网民关切、解疑释惑。

“民惟邦本，本固邦宁”（《尚书·五子之歌》），党的政策对不对，国家发展的方向偏不偏，老百姓最有发言权。“众恶之，必察焉；众好之，必察焉”（《论语·卫灵公》），只有深入群众才能获取真实意见，明政之得失，解民情民愿。民愿则行之，民恶则废之，唯有如此，才能得到老百姓的理解与支持，才能“得其民，斯得天下矣”（《孟子·离娄上》）。

所以，“知屋漏者在宇下，知政失者在草野”，这不仅是中华民族治国理政的经验总结，而且也是对当下工作和生活的一种启示：只有深入基层，身临其境，才能了解实际，做出正确选择。

拓展阅读

晋惠帝司马衷很小便被立为太子。他从小不爱学习，痴呆荒唐，竟然到了令人瞠目结舌的地步。他曾经在华林园游玩，听到青蛙鸣叫，便问左右侍从，青蛙如此鸣叫是为公事还是私事？左右不知如何回答，只能说：“在公众场合就是为公事，在私下场合就是为私事。”有一年全国饥荒，朝臣报告很多老百姓没饭吃都饿死了，惠帝听了却问：“何不食肉糜？”这真是“不知政失”的巨大悲哀。他如此不负责任地高居庙堂之上，最终果然落得了个中毒而死的悲惨结局。

涉浅水者见虾，其颇深者察鱼鳖，其尤甚者观蛟龙[1]。

出处

东汉·王充《论衡·别通》

注释

[1] 蛟龙：古代传说中兴风作浪、能发洪水的动物。

译文

在浅水边走的人，只能见到小虾；敢进入水深处的人，就能见到鱼鳖；那些敢于进入渊底的人，就能见到蛟龙这种神奇生物了。

解读 此格言原文为："人不博览者，不闻古今，不见事类，不知然否，犹目盲、耳聋、鼻痈者也。……涉浅水者见虾，其颇深者察鱼鳖，其尤甚者观蛟龙。足行迹殊，故所见之物异也。"王充将涉水分为"浅水""颇深""尤甚"三个层次，所涉水深不同，所见各异，以此比喻博览群书与否影响到见识的深浅。人若不能够博览群书，就不能通晓古今，识别事物，分辨是非。

"涉浅水者见虾，其颇深者察鱼鳖，其尤甚者见蛟龙"这一古语，不仅深刻揭示了深入探索与认知提升之间的内在联系，而且也与"善始善终"的精神相契合。人生恰如涉水，只有不畏艰难，勇于探索，才能不断拓宽视野，提升认知。而这种持续的努力和探索，正是"善始善终"所强调的坚持不懈和追求卓越精神的体现。它时刻提醒我们，无论做什么，不仅要有一个良好的开端，更要有决心和毅力，以坚韧不拔之志，达到成己、成事、成人之目标。

拒绝浅尝辄止，敢于面对困难与挑战，以自强不息之精神勇攀高峰，已积淀成生命不息、奋斗不止的中华民族精神。"不入虎穴，焉得虎子"(《后汉书·班超传》)，"欲穷千里目，更上一层楼"(《登鹳雀楼》)，激励着一代代中国人在探索世界、探索人生的路途上愈走愈远。没有司马迁忍辱负重的十三年，哪能有"史家之绝唱，无韵之《离骚》"的问世；没有李时珍历经二十七年的付出，怎会有“东方药学巨典”的完成。如今，中华儿女必定会一如既往，站在前人肩上，在未知领域继续探索创新，筑牢强国之梦。

拓展阅读

东汉时，班超出使西域，到达鄯善（今新疆吐鲁番盆地东部）。起初，鄯善王对其礼敬周到，但后来忽然变得疏远懈怠了。班超通过侍奉他们的人得知是因为匈奴使者说坏话的缘故。于是，班超将部下三十六人都召集起来喝酒，并在喝得畅快时趁机激怒大家说：“你们各位都和我身处这遥远的地方，想要立下大功以求得富贵。现在匈奴的使者才到几天，鄯善王对我们的礼敬就废弃了；如果现在鄯善王把我们抓起来送给匈奴，我们的尸骨就要被豺狼吃掉了。面对这种情况，我们该怎么办？”众人表示一切听从班超的安排。于是，班超说：“不入虎穴，不得虎子。”他带着部下，趁着夜色火烧匈奴使节的营地，并将使节的首级拿给鄯善王，重申东汉对鄯善的政策，抚慰了鄯善，出色地完成了出使任务。

聪者[1]听于无声，明者[2]见于未形。

出处

西汉·司马迁《史记》

注释

[1] 聪者：听力好，指聪慧的人。

[2] 明者：视力好，指明智的人。

译文

听力好的人，在声音未发出之前就预感先觉；视力好的人，在事物未出现之前就预见先知。

解读

这句格言主要强调拥有智慧之人总能在事物尚未有明显迹象前就察觉到它们的存在或变化，也提醒人们时刻保持警觉和敏锐，不断培养自己的观察力和预见能力。

“见微以知萌，见端以知末”（《韩非子·说林上》），从微小事物中捕捉信息，从开端预测未来，一直是智者的做法。汉高祖刘邦在建立汉朝的过程中，就展现出了卓越的洞察力和预见性。他能够听取谋士的建议，从细微之处发现对手的弱点，最终战胜项羽，统一天下。诸葛亮凭借对天象、地理、人心的精准把握，多次在战争中化险为夷，为蜀汉政权的稳固做出了巨大贡献……这些历史人物的成功，都离不开他们对“聪者听于无声，明者见于未形”的深刻理解与实践。他们能够从纷繁复杂的历史背景中抽丝剥茧，找到决定历史走向的关键因素，从而成就一番伟业。

如今，“聪者听于无声，明者见于未形”同样具有深远的现实意义。在纷繁冗杂、快速变化的时代背景下，只有具备更加敏锐的洞察力和预见性，方可应对各种机遇与挑战。

拓展阅读

商纣王是历史上暴君的代名词。他执掌政权期间，暴虐无道，致使“微子去之，箕子为之奴，比干谏而死。”（《论语·微子》）微子、箕子与比干都是商纣王的亲属，眼看江山要因纣王无道而葬送，他们反复劝谏却无力回天。于是微子离开，箕子为了保住性命只能装疯卖傻，被降为奴，比干则被剖心而亡。《韩非子·喻老》记载："纣为象箸而箕子怖"，箕子看到纣王用象牙筷子为什么会感到恐怖？因为箕子知道，如果用了象牙筷子，势必会用犀牛角或玉石制成的杯子；用这么高贵的杯子和筷子，就不会去盛放豆类、野菜这类粗劣的食物，必然会享用旄牛、大象等珍贵的肉食；也就不会穿粗布衣裳、住简陋的房子，必会穿着华美的衣服，住在高大宽敞的宫殿里。欲壑难填，天下的财富都不足以满足纣王的欲望。箕子从纣王日常生活的细微之处预见到其所作所为必然会导致亡国，而事实也证明箕子的预见是正确的。最终，周武王率诸侯讨伐商纣王，牧野大战，纣王兵败，入登鹿台，赴火而死。

遇事无难易，而勇于敢为。

出处

北宋·欧阳修《尹师鲁墓志铭》

译文

无论遇到什么事情，是容易还是困难，都要有勇气敢于行动。

解读 这句格言出自“师鲁为文章，简而有法。博学强记，通知今古，长于《春秋》。其与人言，是是非非，务穷尽道理乃已。不为苟止而妄随，而人亦罕能过也。遇事无难易，而勇于敢为，其所以见称于世者，亦所以取嫉于人，故其卒穷以死”。这是欧阳修为尹师鲁作的墓志铭，称其遇事无论难易都勇于行动，这是他被世人称赞的原因，也是被人嫉恨的原因。

中华民族一直把富有勇气视为一种美德。孔子曾说：“知者不惑，仁者不忧，勇者不惧。”（《论语·子罕》）这里的“勇”就是指面对困难和挑战时的勇气和决心。孟子认为大丈夫应该“富贵不能淫，贫贱不能移，威武不能屈”。这些思想都强调勇气是人格修养的重要组成部分。古代的君子被期望在面对国家和民族大义时能够挺身而出，不计个人得失，历史上有许多典范，如“精忠报国”的岳飞、“留取丹心照汗青”的文天祥等。

“遇事无难易，而勇于敢为”这句话蕴含着深刻的哲理，它鼓励我们无论遇到困难还是简单的事情，都要有勇气去尝试。当你勇敢地迈出了第一步，就离胜利或成功近了一步。其实，每当勇敢面对和克服了各种困难，生命个体就得到了一次自我超越、自我成长与进步的机会，能更加自信地迎接未来的挑战。对于国家而言，面对复杂多变、各种风险和挑战层出不穷的国际形势，只有敢于担当，勇于行动，才能在国际竞争中立于不败之地。目前，我国正面临着经济转型、社会治理等一系列复杂问题，广大干部群众只有勇于面对、敢于创新，才能推动社会的持续发展和进步，最终实现中华民族伟大复兴。

拓展阅读

“知者不惑，仁者不忧，勇者不惧”这句话出自《论语·子罕》。孔子在这里提出了三种人格修养的境界：智者不迷惑、仁者不忧愁、勇者不畏惧。这三种境界相互关联，相辅相成，共同构成了儒家理想人格的重要组成部分。其中，“勇者不惧”强调了勇气是人格修养的重要组成部分。勇者不是无所畏惧的莽夫，而是在面对困难和挑战时能够保持冷静和坚定信念的人。他们相信自己的能力和潜力，敢于面对困难和挑战，并在行动中不断成长和进步。这种勇气不仅体现在个人成长上，也体现在社会发展和国家建设中。只有那些敢于担当责任并勇于面对困难的人，才能推动社会的进步和发展，为国家和民族的繁荣富强贡献力量。

事不凝滞❶，理❷贵变通。

出处

元·脱脱等《宋史·赵普列传》

注释

❶ 不凝滞：不凝结停滞，意味着不拘泥、不呆板。

❷ 理：道理、规律或事物的本质。

译文

做事应该灵活，不拘泥于固有的方式或规则，善于根据事物的发展变化来调整和应对。

解读 这句格言出自“臣窃念大发骁雄，动摇百万之众，所得者少，所丧者多。又闻战者危事，难保其必胜；兵者凶器，深戒于不虞。所系甚大，不可不思。臣又闻上古圣人，心无固必，事不凝滞，理贵变通”。公元986年，宋太宗为收复后晋“儿皇帝”石敬瑭割让给辽的燕云十六州，派出二十万大军兵分三路伐辽，史称“雍熙北伐”。在败局已定的形势下，宰相赵普上疏太宗，以上古圣人“心无固必，事不凝滞，理贵变通”进行劝诫，希望太宗能认识到战争及兵器的破坏性与不确定性，要谨慎对待；也劝其不要一意孤行，要学会及时止损。这句话不仅是对古代圣人行事原则的精炼概括，也是我们在现代社会中应对复杂多变环境的重要指南。

“事不凝滞”意味着在处理事务时，不应被过去的经验或固定的思维模式所束缚。世界在不断变化，新的问题和挑战层出不穷，如果总是按照老一套的方法去做事，很可能就会碰壁。只有根据实际情况灵活调整策略，勇于尝试新的方法和思路，才能在不断变化的环境中立于不败之地。“理贵变通”则是指在理解和解决问题时，应不拘泥于传统理论或既定规则，勇于突破传统的束缚。当然，变通并不意味着放弃原则或随波逐流，而是在坚持原则的基础上，根据实际情况灵活应对，找到最合适的解决方案。

古人云，“穷则变，变则通，通则久”（《周易·系辞下》)，“不日新者必日退”(《二程集·河南程氏遗书》)。事物在发展变化，人们只有不断创新工作方法，才能使层出不穷的新问题迎刃而解。2014 年 9 月 28 日，习近平总书记在中央民族工作会议上的讲话中引用了“事不凝滞，理贵变通”这句格言，旨在倡导在民族工作中要灵活不拘泥，让各民族在中华民族大家庭中手足相亲、守望相助。而中国共产党在百年奋斗历程中之所以能立于不败之地，关键在于保持与时俱进的品格与行动。

拓展阅读

有一天，淳于髡与孟子就“嫂溺”的时候是否应该“援之以手”展开了讨论。淳于髡问孟子：“嫂溺则援之以手乎？”孟子对曰：“嫂溺不援，是豺狼也。男女授受不亲，礼也；嫂溺援之以手者，权也。”男女授受不亲是礼，但当嫂子掉到水里，小叔子一定要出手相救，这是权宜之计。孟子的观点表明了其变通的思想：在特殊情况下，人命关天的危急时刻，挽救人的生命是第一位的，这是儒家朴素的人本主义和辩证法思想的具体体现。

百尺竿头立不难，
一勤天下无难事。

出处

清·钱德苍《解人颐·勤懒歌》

译文

只要勤奋努力，就能够做到天下无难事，即便是在百尺高的竿头，也能稳稳站立。

解读

“丈夫志气掀天地，拟上百尺竿头立。百尺竿头立不难，一勤天下无难事。”在这里，钱德苍用一种豪放不羁的语气，鼓励人们心怀远大志向与抱负，不畏困难与挑战，通过勤奋与努力，最终实现既定目标。

百尺竿头是一个很形象的比喻，它象征着大丈夫应该首先树立起远大目标。“立”字意味着不畏艰难，站稳脚跟，坚定信念；而“勤”字则强调了勤奋的重要性。这个“勤”不仅仅是身体上的努力，更是精神上的坚持和毅力。人生在世，只有立得住信念，花得上勤奋的功夫，才能不断超越自我，将梦想变成现实。

自古以来，立志、奋发有为就是志士仁人的不二追求。从“功崇惟志，业广惟勤”（《尚书·周书》）到孔子的“发愤忘食，乐以忘忧”（《论语·述而》），无不证明无论是治理国家还是追求个人事业的成功，勤奋都是不可或缺的必备条件。也让人们真正懂得“学不勤则不知道，耕不力则不得谷”的道理，从而时刻警示着我们，百尺竿头思更进，策马扬鞭自奋蹄。匡衡凿壁偷光、王羲之练字勤奋以至于洗刷笔砚的水池变为“墨池”等故事历久弥新，这些奋发向上者无论何时都是我们学习的榜样。

“天才出于勤奋。”我们生逢盛世，拥有优越的学习、生活和工作条件。我们应以勤奋为笔，饱蘸汗水，在青春的画卷上绘就绚丽多彩的成功图景；我们要以勤奋为翼，在梦想的天空中展翅翱翔，向着光明的未来奋勇前行。因为，唯有勤奋，人生之路方能行稳致远，收获精彩人生。

拓展阅读

“为人在世莫嗜懒，嗜懒之人才智短。百事由懒做不成，临老噬脐悲已晚。士而懒，终身布衣不能换；农而懒，食不充肠衣不暖；工而懒，积聚万贯成星散。又不见，人生天地惟在勤，原勤之本在乎心。若能自强而不息，先须抖擞己精神。士而勤，万里青云可致身；农而勤，盈盈仓廪成红陈；工而勤，巧手超群能动人；商而勤，腰中常缠千万金。噫嘻噫嘻复噫嘻，只在勤兮与懒兮。丈夫志气掀天地，拟上百尺竿头立。百尺竿头立不难，一勤天下无难事。”这首《勤懒歌》，用生动的比喻和对比向我们阐述了勤奋与懒惰对个人成就和社会发展的深刻影响。它鼓励我们要保持勤奋努力的态度，勇于面对挑战和困难，通过不断努力和奋斗实现自己的梦想。

四　善始善终

水之积也不厚[1]，则其负[2]大舟也无力。

出处

《庄子·逍遥游》

注释

❶ 厚：深。

❷ 负：背负、承载。

译文

水积蓄得不深，那么它负载大船就没有力量。

解读

此格言出自“且夫水之积也不厚，则其负大舟也无力。覆杯水于坳堂之上，则芥为之舟；置杯焉则胶，水浅而舟大也。风之积也不厚，则其负大翼也无力”。水积蓄得不深，那么它负载大船就没有力量；在堂上的低洼处倒上一杯水，这样的水量对于一根小草来说足以漂浮其上，但是如果尝试将一个杯子放在这样的水面上，杯子就会胶着搁浅；风的力量如果不够雄厚，就无法托起巨大的翅膀。说明了基础条件不够坚实或深厚，就无法支撑更大的任务完成或更高的目标实现的重要道理。

“水之积也不厚，则其负大舟也无力”这句话，在现代社会仍具有重要启示意义。它告诉我们，无论是道德、学识，还是经验、技能，没有深厚的积累，就很难应对复杂多变的生活和工作环境，就像水达不到一定深度难以承载大舟一样。一个人如果没有足够的知识和技能积累，就难以胜任重要的工作或面对重大的挑战。当然，在积累学识、技能、经验等的过程中，要稳扎稳打，夯实基础，避免“基础不牢，地动山摇”。还要量力而行，给自己量身制定目标，辅以持之以恒的耐心与毅力。只有不断地学习与实践，才能达到积水而成湖的境界。

拓展阅读

《逍遥游》是《庄子》的首篇，在全书中占有特殊地位。马叙伦在《为庄子义证成率题绝句》中提

到："开宗不了'逍遥'字，空读《南华》三十篇。"读《庄子》先应读懂《逍遥游》，是人们公认的。庄子通过《逍遥游》表达了追求绝对自由的人生态度，认为人应当超越时空限制，摆脱客观现实的影响和制约，达到"至人无己，神人无功，圣人无名"的至高境界。它不仅深刻影响着后世的生活、思维方式和处世态度，也对世俗工具价值进行了批判，强调从宇宙的高度来把握人的存在，破除自我中心，引导人们从故步自封、自我局限的狭隘心境中摆脱出来，以免在平庸忙碌中迷失了自我。这对涤荡当代利己主义、名利至上等社会思潮具有重要的现实意义。

其作始也简❶，其将毕也必巨❷。

出处

《庄子·人间世》

注释

❶ 简：简略。

❷ 巨：巨大，复杂。

译文

一个事物开始时单纯细微，临近结束时变得纷繁巨大。

解读 此格言出自“且以巧斗力者，始乎阳，常卒乎阴，泰至则多奇巧；以礼饮酒者，始乎治，常卒乎乱，泰至则多奇乐。凡事亦然：始乎谅，常卒乎鄙；其作始也简，其将毕也必巨”。在这里，庄子借孔子之口，用一些具体的例子说明了事物发展的规律性及人们的行为在不同环境下的改变。庄子提醒人们注意，具有远大前程的事业在初创之时都微不足道，等到将要完成的时候已经发展得纷繁巨大了，正所谓“不积跬步，无以至千里；不积小流，无以成江海”（《荀子·劝学》）。

毛泽东曾多次引用此格言。1945 年 6 月 17 日，在中国革命死难烈士追悼大会上，毛泽东引用并解释，“作始”就是开头的时候，“简”就是很少，是简略的，“将毕”就是快结束的时候，“巨”就是巨大、伟大。并指出，这可以用来说明是有生命力的东西，有生命力的国家，有生命力的人民群众，有生命力的政党。

1956 年 2 月，董必武为上海中共一大会址纪念馆题词“作始也简，将毕也巨”。2017 年党的十九大闭幕后，习近平总书记率全体中央政治局常委同志，专程前往上海和浙江嘉兴瞻仰中共一大会址和嘉兴南湖红船。习近平总书记指出，“其作始也简，其将毕也必巨”，“唯有不忘初心，方可告慰历史、告慰先辈，方可赢得民心、赢得时代，方可善作善成、一往无前”。

“其作始也简，其将毕也必巨”这句话蕴含着深刻的发展哲学和人生智慧。它告诉我们，伟大的事业往往在初始阶段都比较弱小或不起眼，但一定要专注基础，持续发力，坚持目标，奋斗不止。即使初期条件简陋、资源有限，也不要轻言放弃，在困难里也能发现更多机遇。随着自身的努力与时间的推移，最终会取得令人惊叹的成就。

拓展阅读

中国共产党的成长壮大就是一个由“简”到“巨”的过程。从嘉兴南湖的一条小船出发，成长为世界上规模最大的执政党，这个政党由小而大、由弱变强的轨迹创造了历史奇迹。“一百年来，中国共产党团结带领中国人民进行的一切奋斗、一切牺牲、一切创造，归结起来就是一个主题：实现中华民族伟大复兴。”中国共产党之所以能够赢得中国人民的信任和支持，根本原因就在于党的初心和使命，并把初心使命转化为执政实践和治国方略，带领中国人民战胜重重风险挑战，推动中华民族伟大复兴的巨轮跨越险滩，扬帆远航。

路漫漫❶其修远❷兮，吾将上下而求索。

出处

战国·屈原《楚辞·离骚》

注释

❶ 漫漫：路遥远的样子。

❷ 修远：长远。

译文

前方的道路漫长又遥远，我将上天入地，百折不挠，不遗余力去探寻。

解读 屈原写作《离骚》时已被楚怀王疏远，在实现政治理想的过程中，他不断遭到保守贵族集团的排挤、打击和放逐，已到了救国无门的地步。然而就是在这样的境遇之下，屈原仍未放弃对理想的追求。“路漫漫”形象地描绘了道路的漫长无尽，而“其修远兮”则进一步强调了路途的遥远与艰难。诗人不仅表达了自己在追求理想过程中所面临的困难，也暗含对人生之路复杂曲折的深刻认识。然而这种认识并非消极怠世，而是通过鲜明的对比，塑造出一个“吾将上下而求索”的追求者形象，展现了屈原的坚定与不屈。这两句诗已经成为仁人志士对真理和理想执着追求的文化象征，激励后人在追求自己的目标时要勇敢地面对困难，保持坚定信念，不断探索前行。

1949 年 3 月 23 日，党中央从西柏坡动身前往北平时，毛泽东同志说：“今天是进京赶考的日子。”在庆祝中国共产党成立 95 周年大会上，习近平总书记在重提“赶考”之后引用了屈原的这句话，意在强调这场“考试”还没有结束，勉励全党同志要“不忘初心、继续前进”。要永远保持谦虚谨慎、不骄不躁的作风，永远保持艰苦奋斗的作风，勇于变革、勇于创新，永不僵化、永不停滞，继续在这场历史性考试中经受考验，努力向历史、向人民交出新的更加优异的答卷。

可见，屈原的政治理想虽然落空了，但他心中那些最宝贵的东西却通过《离骚》留给了后代，在两千年的历史中不断地拨动着人们的心弦，点燃着人们的热情，使得中国诗歌的主流从未走向消极和颓废，也促使中国诗人永远保持着热烈执着的情感。

拓展阅读

《离骚》是《楚辞》中最具代表性的作品。它不仅是屈原的代表作，而且也是我国古代文学史上最长的一首浪漫主义政治抒情诗。全诗 370 多句，近 2500 字，是屈原的思想结晶，也是一篇扣人心弦的、抒发忧国之思的作品。《离骚》开辟了中国文学浪漫主义的先河，对后世诗歌产生了深远影响。屈原“上下求索”的精神动人又悲壮，在中国诗歌里引发共鸣。“安得广厦千万间，大庇天下寒士俱欢颜”，杜甫追求的是天下百姓的温饱；“风光冉冉东西陌，几日娇魂寻不得”，李商隐追求的是在春风中苏醒的一颗活跃的春心；“衣带渐宽终不悔，为伊消得人憔悴”，这是柳永对爱情的追求与奉献……中国诗歌经常表现的一个主题就是对美好事物、美好理想的追求和畅想，这种风格深受《离骚》的影响。

凿井者，起于三寸之坎❶，以就❷万仞❸之深。

出处

北齐·刘昼《刘子·崇学》

注释

❶ 三寸之坎：喻很浅的小坑。

❷ 就：成。

❸ 万仞（rèn）：古以七尺或八尺为一仞，“万仞”喻极深。

译文

凿井的人，从挖很浅的土坑开始，最后挖成万丈的深井。

解读 此格言出自“故为山者，基于一篑之土，以成千丈之峭；凿井者，起于三寸之坎，以就万仞之深”。意思是说，堆山的人，从堆一筐泥土开始，最后堆成陡高的峭壁；凿井的人，从挖很浅的土坑开始，最后挖成万丈的深井。喻指从极细微的积累开始，只要坚持不懈，必然能够成就事业。

在中华优秀传统文化中，强调从基础开始，通过不懈努力一点点积累而成就一番事业的名言警句特别多，“合抱之木，生于毫末；九层之台，起于累土；千里之行，始于足下”（《老子》）；“不积跬步，无以至千里；不积小流，无以成江海。骐骥一跃，不能十步；驽马十驾，功在不舍。锲而舍之，朽木不折；锲而不舍，金石可镂”（《荀子·劝学》）；“河冰结合，非一日之寒；积土成山，非斯须之作”（《论衡·状留篇》）。这些名言警句说法不同，但意思相近，都旨在阐明一小步的积累对于实现远大目标的重要性。而任何一项伟大成就的取得，往往都始于微小而不起眼的开始，并要通过持续的努力、耐心和时间的积累最终实现。

“凿井者，起于三寸之坎，以就万仞之深”，这句话蕴含着丰富的人生哲理与行动指南，它让我们知道，任何伟大或深远的成就都始于微小而不起眼的开始，并需要通过持续的努力与积累，最终才能达到显著的高度或深度。因此，如果我们有从零开始的勇气、永不放弃的毅力、日积月累的沉淀与不急于求成的耐心，无论是修身立德还是发展技能、学业，都能笃行致远。

拓展阅读

徐溥（1428—1499），明朝著名政治家，曾任华盖殿大学士，并担任过当朝首辅一职。他性格凝重有度，居内阁十二年，从容辅佐，爱护人才，是一位德高望重的名臣。他在小时候效仿古人，为了检点自己的言行在书桌上放了两个瓶子，分别贮藏黑豆和黄豆。每当心中产生一个善念，或说一善言，做一善事，便往瓶子中投一粒黄豆；相反，若是言行有什么过失，便投一粒黑豆。开始时，黑豆多，黄豆少，徐溥就不断地深刻反省并激励自己。渐渐地，黄豆和黑豆数量持平，他就再接再厉，更加严格地要求自己。久而久之，瓶中黄豆越积越多，相较之下黑豆渐渐显得微不足道。直到他后来为官，还一直保留着这一习惯。徐溥储豆的故事说明，只有持善念、语善言、行善事，且能日复一日地坚守，才能不断完善自己的品行和道德，进而实现个人价值的提升，正所谓“今日行一善焉，明日行一善焉，积累之久，虽无求益之心，而进德修业日进”（《樗隐集·思益斋记》）。

看似寻常最奇崛[1]，成如容易却艰辛。

出处

北宋·王安石《题张司业诗》

注释

[1] 奇崛：奇特不同凡俗。

译文

看似寻常的作品实际最奇崛，写成好似容易却饱含艰辛。

解读

“苏州司业诗名老，乐府皆言妙入神。看似寻常最奇崛，成如容易却艰辛。”在这首诗中，王安石对唐代诗人张籍的诗进行了评价。张籍是苏州人，曾任国子司业。他是中唐时期新乐府运动的支持者和推动者，常以口语入诗，语言浑朴自然，风格通俗明快，貌似不费力气，却是千锤百炼艰辛创作的结果，故王安石评之曰“看似寻常最奇崛，成如容易却艰辛”。

“看似寻常最奇崛”揭示了事物的表象与本质的关系。有些人或事看起来非常平常，没有什么特别之处，但经仔细观察、深入了解之后才发现，其实非常奇特与出众。“成如容易却艰辛”则说明了成功背后所隐藏的艰辛与付出。

在中华优秀传统文化中，强调成功背后要付出艰辛与努力的名言有很多。如“贫贱忧戚，庸玉汝于成也”（张载《西铭》），“千淘万漉虽辛苦，吹尽狂沙始到金”（刘禹锡《杂曲歌辞·浪淘沙》），以及人们耳熟能详的“宝剑锋从磨砺出，梅花香自苦寒来”。这些无不向世人诉说着一切成就的取得都离不开看不见的努力与付出、坚忍与磨炼。

“看似寻常最奇崛，成如容易却艰辛”这句话蕴含着深刻的哲理。它告诉我们，看事物不要只看事物的表象，而要深入理解其内在的价值与本质，也警示我们不要被表面的轻松所迷惑，成功的背后往往隐藏着无数的艰辛和挑战。我们生活在和平年代，享受着岁月静好带来的安逸与幸福，但一定要铭记那些为我们默默承受重负、砥砺前行的先辈们。他们的血汗与智慧，铺就了今日我们脚下的坦途。沐浴在阳光下的我们，应该勇敢地接过历史的接力棒，“炫”出属于我们的锦绣前程。

拓展阅读

出生时就因难产缺氧落下了终身残疾，有语言障碍且身高不足1.4米的“旗袍先生”崔万志，从未向命运低头。他凭借顽强的毅力，考入了石河子大学经济管理专业。从大二开始，身残志坚的他就自己挣钱来支付上学的费用。毕业后，他就业无门，开始创业。他摆地摊，开书店、商店和网吧，但书店被烧，商店被偷，网吧被拆。他创业失败，曾背负400万元的债务，最后，他在淘宝做起了旗袍生意。崔万志专心打造“蝶恋”品牌，仅用两年他就成了淘宝旗袍销量第一的卖家。如今，他已从摆地摊的一员成长为年产值上亿元企业的“掌舵人”。崔万志凭借着勤奋、智慧、勇气、坚持，成为创业者的励志典型，将小旗袍做出了大文章。如今的他，已带着旗袍走向世界。

博观而约❶取，厚积而薄❷发。

出处

北宋·苏轼《稼说送张琥》

注释

❶ 约：简，少。

❷ 薄：这里有谨慎、有力不尽使的意思。

译文

只有博览群书，才能择其精要而取之；只有知识积累丰厚，才能慢慢施展才华。

解读

此格言出自“吾今虽欲自以为不足，而众已妄推之矣。呜呼！吾子其去此，而务学也哉！博观而约取，厚积而薄发，吾告子止于此矣”。在这里，苏轼告诫归家之前来看望自己的进士张琥，要去掉当时士大夫中滋长的急功近利、浅薄轻率的风气，不自满，不追名逐利，专心致志地去学习。要广泛地阅览而简要地吸取，丰富地积累而精当地表达。

“博观而约取，厚积而薄发”也是一种稳健的人生哲学与实践策略，它与善始善终的精神紧密相连。“博观而约取”意味着在学习的过程中，要广泛猎取并辩证取舍，这是“善始”的体现，即在开始阶段就应具备开阔的视野和审慎的选择能力，确保开始的正确性；“厚积而薄发”则强调了积累的重要性，只有不断累积知识与经验，在关键时刻才能展现出强有力的能力和智慧，这是“善终”的保证。

古今学界有识之士，治学都很注重“博观而约取”。观而有选，取而有择，有的放矢，唯真是取。唐代韩愈在《原道》中批评有些人读书作文“择焉而不精，语焉而不详”，王安石则提倡读书要“深思而慎取”。精于读书之道的袁枚，在解释杜甫的诗句“读书破万卷，下笔如有神”时说：“读书如吃饭，善吃者长精神，不善吃者生痰瘤。”有些人读书不懂“约取”之道，或取粗去精，或不留痕迹，或全盘接受。如此阅读，自然难以领会文章的深刻内涵，达不到融会贯通的效果。

“博观而约取，厚积而薄发”是一句关于读书学习与成就事业的至理名言，也蕴含着深刻的人生哲理。它告诉我们，不仅要博览群书，还要学会择其精要而取之；只有知识积累丰厚了，才能达到“腹有诗书气自华”的境界。对于国家而言，要广泛地学习借鉴其他国家的先进技术与经验，并在长期的努力和积累下，构建起强大的经济、军事、科技、文化等综合实力，在国际舞台上展现可爱可敬的中国形象。

拓展阅读

苏东坡被贬黄州时，因听到有人吟诵朱司农“官闲无一事，蝴蝶飞上阶”而与朱司农结识并成为知己。一日，朱司农前去拜访苏东坡却迟迟未见到人。苏东坡到来后，因自己做每日功课未及时接待而深表歉意。朱司农得知苏东坡每日功课为抄《汉书》，并且已抄了三遍时非常惊讶，在听说这三遍分别是每段只抄三个字、两个字、一个字时更加好奇，十分不解。苏东坡让其只举一字，自己则能背出几百字且无一字差缺时，朱司农感叹道：“先生真谪仙才也。”后来，朱司农告诉儿子朱新仲：“苏东坡尚且如此勤奋，中等才智的人怎能不勤奋读书呢！”朱新仲也用之教导他的儿子朱辂。

行百里者半九十。

出处

北宋·黄庭坚《赠元发弟放言》

译文

一百里的路程，走九十里只能算完成了一半。

解读 “诗云，‘行百里者半于九十’，此言末路之难。”（《战国策》）秦国攻破宜阳，占领三川等地，取得了军事上的一系列胜利，但同时也面临着来自其他诸侯国的威胁和挑战。在此背景下，一位有识之士与秦武王谈话时提到了此格言，主要目的是劝诫秦王不要因为取得了一些胜利就轻视或怠慢其他国家，并提醒他要保持谦逊和谨慎的态度，以免招致失败和灾难。“行百里者半于九十”原文在《诗经》中已不可查，属于佚诗。北宋诗人黄庭坚在《赠元发弟放言》中将其化用为“行百里者半九十”，流传至今，用于勉励人们做事不仅要善始，更要善终。

“行百里者半九十”，短短七字道明了“末路之难”。其实古人早就认识到了所谓“末路之难”，《老子》中有“民之从事，常于几成而败之。慎终如始，则无败事”的名言，告诫人们在事情快要完成的时候也要像开始时那样慎重，如此便没有办不成的事情；《诗经》中有“靡不有初，鲜克有终”的警示，旨在说明人们多有善始，却少有善终，做人、做事有好的起步并不难，但很少有能坚持到底的。《尚书》中强调“为山九仞，功亏一篑”，到孟子时，则有了“有为者辟若掘井，掘井九轫而不及泉，犹为弃井也”（《孟子·尽心上》）之说。唐代魏征也用“有善始者实繁，能克终者盖寡”告诫唐太宗善始善终的重要性。

这句话在现代仍具有重要意义。没有人能轻易成功，在追求理想目标的历程中，不要因为已经取得了较大进展或离成功较近就沾沾自喜而失去动力。要时刻保持谦虚谨慎，戒骄戒躁，警惕可能出现的困难与挑战。既能经受住鲜花和掌声的赞誉，也要承受得起困难和风险的考验。目前我国已经进入了中华民族伟大复兴的关键期，处于从发展中大国迈向社会主义现代化强国的关键时期，也面对着百年未有之大变局及美国持续掀风浪的现实，到了“船到中流浪更急，人到半山路更陡”的时刻。我们坚信，在中国共产党的领导下，中华儿女必定敢于担当作为，善始善终，为构建人类命运共同体贡献中国智慧和中国力量。

拓展阅读

1963 年，二十五岁的樊锦诗北京大学毕业后，怀揣着服从分配，报效祖国，到最艰苦的地方去的信念，来到了满地都是黄沙的苍凉之地敦煌。她克服了黄沙满天与生活的艰苦，怀揣着对丈夫、儿子的牵挂与思念，把最宝贵的年华和全部的心血都奉献给了敦煌莫高窟这一伟大的世界文化遗产。面对满目疮痍的莫高窟和蜂拥而入的游人，她为推动“数字敦煌”项目及莫高窟数字展示中心的建成发挥了至关重要的作用。这位年近九十的老人六十年如一日，一腔爱，一洞画，一场文化苦旅，硬是从青春走到了白发。

五　廉洁奉公

不矜①细行，终累②大德。

出处

《尚书·旅獒》

注释

① 不矜：不慎重，轻忽。
② 累：连累，累及。

译文

不顾惜小节方面的修养，到头来会伤害大节，酿成终生的遗憾。

解读 周武王推翻商朝，建立周朝后，天下太平，四海归心，各国纷纷前来朝贡。其中，西方旅国进献了一只名犬，名为“旅獒”。召公奭（shì）见此深感忧虑，担心武王沉迷于玩物而荒废政事，遂撰写了该文以示劝诫。文章中，召公奭用“不矜细行，终累大德”提醒武王不可因小失大，而应该时刻保持清醒的头脑，专注于国家大事。

在历史上，与此格言类似的名言很多。“千里之堤，溃于蚁穴”（《韩非子·喻老》），一个小小的蚂蚁洞，足以摧毁千里长堤;《礼记·经解》则引《易》“君子慎始，差若毫厘，缪以千里”，强调了开始的重要性，开始时只有一点点差错，到最后却会产生很大误差，招致巨大损失。因此，为人处世，要坚持做到“勿以恶小而为之，勿以善小而不为”（《三国志·蜀书》），培养良好的作风，绝不能忽视小事小节。唯有从细微之处着手，严格要求自己，才能成就一番事业。这些名言也突出了细节对于整体的重要性，以及忽视细节可能带来的严重后果。它们提醒人们在日常生活中要谨慎行事，注重细节，以免因小失大。

习近平总书记在2014年党的群众路线教育实践活动总结大会上曾强调，“不矜细行，终累大德”，要求各级干部从自身做起，从小事做起，带头坚守正道、弘扬正气。那些被惩处的“老虎”或“苍蝇”，他们的堕落往往始于微不足道的小事。从最初的“吃

点”“喝点”“收点”，到逐渐放松原则，降低底线，直至彻底跨越廉洁与腐败的界限。

“不矜细行，终累大德”对现代人来说仍具有重要的警示意义。它提醒我们，为人处世要注意细节，避免因为一时的疏忽或错误而影响大局和长远利益。也鼓励我们“勿以善小而不为”，要从小善入手积累大德，夯实未来成功之基。

拓展阅读

《史记·卫康叔世家》中记载，卫懿公“好鹤，淫乐奢侈”，而《左传·闵公二年》则较为详细地记载了其好鹤而亡的故事，“卫懿公好鹤，鹤有乘轩者”。卫懿公让他的鹤乘坐贵族乘坐的车子，还给鹤官职和俸禄，使其享受与官员相同的待遇。他喜爱鹤到了痴迷的程度，引起人们的强烈不满。于是，当遭到北方少数民族狄人入侵时，卫懿公组织群臣进行抵抗，却受到了阻碍，那些被征召穿上铠甲的士兵极为不满，纷纷让鹤去打仗。卫懿公只好将玉玦和箭矢分别交给大臣石祁子和宁庄子，让他们负责守卫国家。荧泽一战，卫国战败亡国。这个故事不仅是对卫懿公的讽刺，也是对后人的警示：君主若不能自律，沉迷于享乐，必将自食其果，甚至亡国灭种。

不义[1]而富且贵，于我如浮云。

出处

《论语·述而》

注释

[1] 不义：不合乎道义，不正当。

译文

通过不正当手段得来的财富和地位，对我来说就如同浮云一样。

解读 这句话体现了孔子的义利观。在孔子看来，富与贵是人人想要的，但追求富贵应该建立在道德和正义的基础上。如果通过欺诈、贪污等不正当的手段获取财富和地位，那么这种富贵就是没有价值的，甚至可能带来内心的空虚和不安。只有树立起正确的义利观，做到见利思义，才能在各种诱惑面前坚守道德底线，收获内心的满足和幸福。

义利之辩是古代学者热衷于探讨的一个重要话题。义与利本身并无褒贬之分，但在二者发生冲突时如何选择与权衡，却能深刻反映出个人的人品、官德、觉悟境界，以及人生态度。古人历来推崇“义重于利”“义在利前”的君子品格，这不仅是对个人道德修养的高标准要求，也是中华民族传统文化内在精神的集中体现。孔子将行义视为处理义利关系的基本原则，虽然他并未全盘否定利，但强调人们应对利益持有适度的态度，追求符合道义的利。在面对义与利的矛盾时，能否保持内心与行为的端正，是衡量一个人是否正直、高尚及有担当的重要标准之一。

此格言对我们现代人仍具有重要启示。每个人都重视利益，但在利益面前应该始终不忘“义”字，既以义为先，又取利有道。唯有义利兼顾，方能实现义利兼得；唯有义利平衡，方能达到义利共赢。党的十八大以来落马的高官，无一不是理想信念丧失，在“贪欲”之下难以抵挡各种诱惑，最终自食苦果。因此，在诱惑面前，只有牢记“不义而富且贵，于我如浮云”，才能做出合乎道义的正确选择。

拓展阅读

那些在天空中自由翱翔的高飞之鸟，常常因为贪恋地面上的美食而陷入危险，最终走向死亡；那些生活在深潭中的鱼类，也常常因为抵挡不住鱼饵的诱惑而丧命。古今中外，有无数人因为抵挡不住诱惑而蒙受巨大损失，他们或身陷囹圄，让家人蒙羞，或余生与铁窗为伴，永无自由。因此，我们要警惕贪欲的危害，绝不可为了满足一时的私欲而突破道德和法律的底线。

其身正[1]，不令[2]而行；其身不正，虽令不从。

出处

《论语·子路》

注释

1. 正：端正。
2. 令：命令。

译文

自身端正，不用命令人们就会遵行；自身不端正，虽发命令也没有人听从。

解读

这句格言出自孔子之口，强调了执政者以身作则的重要性。执政者如果品行端正，人们就会效仿，自然而然地去做好该做的事情。否则，即使强制下令，人们也不会遵从。这和“君子之德风，小人之德草，草上之风，必偃”（《论语·颜渊》）所说明的道理是一样的。所以，在鲁国大夫季康子询问治国之道时，孔子说：“政者，正也。子帅以正，孰敢不正？”（《论语·颜渊》）孔子强调，“政”字的核心在于“正”。对于肩负行政职责、服务民众的官员而言，唯有自身正直、守法、光明磊落，方能对周围人产生积极影响，更好地服务百姓，赢得尊重。

“其身正，不令而行；其身不正，虽令不从。”这句话蕴含着深刻的道德观念和领导哲学。它提醒我们，要学会自我约束与自我管理，为人正直且时刻注意自身言行，只有这样才能得到周围人的信任与尊重。作为领导干部，更应该严以律己，己正修身，为下属做出表率，以德服人。只有修好为政之德，坚持为政之道，才能把握好为政之要，从而在群众中树立起威信，产生积极的示范效应。反之，若言行不一，“台上他说，台下说他”，其话语和行为又怎能具有影响力和号召力呢？

拓展阅读

宋太祖赵匡胤于公元960年在陈桥驿黄袍加身，由一名武将变为一代帝王。多年的戎马生活养成的俭朴生活习惯，使他在后期治理社会的过程中以身作则，崇尚节俭，勤政爱民。他在皇宫中使用芦苇编成的帘子，边缘用青色的布包裹或装饰；他日常穿的衣服已洗过多遍也不舍得丢掉。他对自己特别苛刻，对家人和臣子同样严厉。有一次，魏国长公主身着一件以翠鸟羽毛为饰的华丽短上衣入宫觐见，赵匡胤劝其以后不要再穿，并进一步教导她："你生长在富贵之家，应该懂得惜福。"当他看到孟昶用珍宝装饰的便器，一气之下将其捣碎，怒道："你用七宝来装饰便器，那么应该用什么器皿来装食物呢？这样奢侈浪费，不灭亡还等什么！"宋太祖的这些举动不仅对当时的社会风气产生了深远影响，还使得士大夫竞相以节俭自励。他之后的几位君主亦能继承并发扬其俭朴的生活作风，使这一良好传统得以延续。

德莫高于爱民，行莫贱[1]于害民。

出处

《晏子春秋·内篇》

注释

❶ 贱：低贱。

译文

最高尚的德行，莫过于爱民；最低贱的行为，莫过于戕害百姓。

解读 叔向问晏子："意孰为高？行孰为厚？"对曰："意莫高于爱民，行莫厚于乐民。"又问曰："意孰为下？行孰为贱？"对曰："意莫下于刻民，行莫贱于害身也。"经学大师刘师培指出，此处提到的四个"意"字，皆为"德"字之讹。在这段对话中，叔向求教晏子："什么样的品德才是高尚的？什么样的行为才是宽厚的？"晏子答道："没有比爱护百姓更高尚的品德，没有比让百姓快乐更宽厚的行为。"接着，叔向又问："什么样的品德是低劣的？什么样的行为是卑贱的？"晏子则回答："没有比苛待百姓更低劣的品德，没有比祸害百姓更卑贱的行为。"这就是"德莫高于爱民，行莫贱于害民"这句古训的出处。

晏子一向以宽厚仁慈、节俭力行著称。他倡导仁政爱民，关心体恤老百姓，反对国君和贵族对老百姓的残酷剥削。所以，当他出使晋国，叔向问及德行高下厚贱时，晏子给出了"德莫高于爱民，行莫贱于害民"的标准。他还曾经提出"谋度于义者必得，事因于民者必成""义，谋之法也；民，事之本也""卑而不失尊，曲而不失正者，以民为本也"等重义与民本思想，深刻揭示了为官者应有的责任与担当。

"德莫高于爱民，行莫贱于害民"在今天仍具有重要意义。无论是普通人还是官员，都应该具备良好的道德品质。尤其是为官者，更应将正直自守、关爱民众作为行为准则。一切言行举止皆应以人民为中心，从人民的利益出发，站在人民群众的立场上立身行道，真正做到情为民所系，权为民所用，利为民所谋。要保持与人民的“鱼水关系”，尽心尽力为群众出谋划策，谋取福祉，将智慧奉献给人民，将力量根植于人民，将情感融入人民之中。

拓展阅读

在中国悠久的历史文化中，历来有着“民惟邦本，本固邦宁”的传统思想。“民本思想”无疑是中华传统文化中最宝贵的部分之一，“民为贵，社稷次之，君为轻”“为天地立心，为生民立命”“政之所兴，在顺民心；政之所废，在逆民心”“乐民之乐者，民亦乐其乐；忧民之忧者，民亦忧其忧”“利民之事，丝发必兴；厉民之事，毫末必去”“但愿苍生俱饱暖，不辞辛苦出山林”“衙斋卧听萧萧竹，疑是民间疾苦声。些小吾曹州县吏，一枝一叶总关情”等经典语句，无不体现了这一深邃的思想。这些言论与“德莫高于爱民，行莫贱于害民”相得益彰，共同强调了无论官员职位高低，都应承担起为民服务的责任，亲近民众，爱护民众，时刻关注百姓的疾苦。

群臣朋党❶，则宜有内乱。

出处

《管子·参患》

注释

❶ 朋党：结为朋党。

译文

群臣结党营私，势必带来内乱。

解读　此格言一语中的，深刻地揭示了一个事实：当朝中的大臣们为了私利而结成小团体时，国家内部的稳定就会受到严重威胁，最终可能导致内乱。所谓朋党，即“为私利而互相勾结，后专指排除异己的结党宗派”。这一定义不仅揭示了个体之间为了私利而形成的紧密关系，还强调了这种关系对社会秩序的潜在威胁。

“朋党”作为动词使用，意指结为朋党，形成利益集团。朋党之患自古以来就引发了极大的关注和重视。孔子在其著作中多次告诫弟子要警惕朋党的危害，他强调：“君子周而不比，小人比而不周”（《论语·为政》），“君子矜而不争，群而不党”（《论语·卫灵公》），意在说明真正的君子能广泛地与人交往，但不会因为私利而结成小团体；相反，小人则往往因为私利而紧密勾结，却不能公正无私地对待他人。汉代刘向也对朋党的危害进行了分析，提出：“放远佞邪之党，坏散险诐之聚，杜闭群枉之门，广开众正之路。”（《汉书·楚元王传》）诸葛亮也提到了朋党问题，指出“竖私枉公，外相连诬，内相谤讪，有此不去，是谓败乱”。至北宋时期，欧阳修撰写了著名的《朋党论》，对“朋党”的概念进行了新的诠释。他认为，朋党并非完全是负面的存在，关键在于区分“真朋”与“伪朋”。欧阳修声称：“退小人之伪朋，用君子之真朋，则天下治矣。”

“群臣朋党，则宜有内乱”，这句话无论在职场还是在社会生活领域都具有重要的警示作用。它时刻提醒我们，要倡导“和而不同”“群而不党”的君子之交，拥有大局意识和奉献精神。要用沟通解决内部纷争，保持团队的凝聚力和统一性，避免形成小团体或派系，努力构建起一种同心同德、清清爽爽的人际关系。

拓展阅读

孔子曾预言：“吾死之后，则商也日益，赐也日损。”（《孔子家语》）“商”是子夏，“赐”是子贡，二人分别是孔门“四科十哲”中文学与言语科的高才生。孔子认为，他去世后，子夏的学问会日益精进，而子贡的学问却会逐渐退步。为什么呢？因为孔子知道，两个人的性格不一样，子夏喜欢与比自己贤能的人在一起，而子贡却喜欢与不如自己的人在一起。身边的人对自己的影响是巨大的：“与善人居，如入芝兰之室，久而不闻其香，即与之化矣。与不善人居，如入鲍鱼之肆，久而不闻其臭，亦与之化矣。”所以孔子强调，君子一定要慎重选择与什么样的人相处，因为“近朱者赤，近墨者黑”，只有与善人居才能做到君子如兰，而与恶人居则会自臭矣。

君子之交淡如水，小人之交甘若醴[1]。

出处

《庄子·山木》

注释

[1] 醴（lǐ）：甜酒。

译文

君子以义相交，他们之间的交情常常像水一样平淡；小人以利相交，他们之间的交情常常像美酒一样甘甜。

解读 “君子之交淡若水，小人之交甘若醴；君子淡以亲，小人甘以绝。彼无故以合者，则无故以离。”这句话精辟地揭示了两种截然不同的人际交往模式，蕴含着深邃的人生智慧。

“君子之交淡如水”意指君子间的交往如同水一般清澈、平淡。这里的“淡”并非指情感淡漠，而是强调交往过程中的坦诚、自然、不附带任何功利色彩。君子之间的友谊建立在共同的价值观、道德操守和对彼此人格的尊重之上，他们相互欣赏、理解，虽无过多的物质往来与甜言蜜语，但心灵相通，情谊深厚。正如清冽的水，看似平淡无奇，实则不可或缺，滋养生命，珍贵无比。

“小人之交甘若醴”描绘了小人间的交往如同甜酒般浓烈、甘美，却易醉易醒、短暂易逝。小人交往多出于一时的利益诉求，关系建立在直接或间接的利益交换基础之上，一旦利益关系发生变化，所谓的友谊便会迅速冷却甚至破裂。正如甜酒虽能带来短暂的欢愉，但酒醒之后留下的只是虚幻与苦涩，人与人之间的关系也如过眼云烟，难以长久维系。

此格言不仅给人际交往提供了哲学思考，也与廉洁奉公的原则紧密相连。它启示我们，要倡导以相互尊重和理解、超脱物质利益为基础的君子之交，远离以功利为核心，时聚时散的小人之交。作为公职人员，更要以警惕之心提防那些表面恭维实则暗藏功利之心，意欲挑起祸端的小人，筑牢腐败侵蚀的防线，保持君子的淡泊与真诚。珍惜君子，远离小人，才能获得内心的平静和安全感，远离纷争与烦恼。

拓展阅读

唐贞观年间，薛仁贵尚未得志之时，与妻子居住在一个简陋的破窑洞中，生活困苦，衣食无着，全赖好友王茂生夫妇接济才得以勉强维持生计。后来，薛仁贵随唐太宗立下了赫赫战功，飞黄腾达，前来送礼的文武大臣络绎不绝，但薛仁贵皆婉拒。然而，对于好友王茂生送来的“美酒两坛”，薛仁贵却破例收下了。当酒坛被打开时，却发现里面装的是清水。执事官急忙禀告：“此人竟敢如此大胆戏弄您，请您严惩！”然而，薛仁贵听后非但没有动怒，反而命令执事官取来大碗，当众饮下了三大碗清水。他告知在场的文武百官，自己落难时得到王茂生夫妻慷慨相助，才得以有今日。“王兄家境贫寒，这清水之中蕴含的是他的一片真心。”薛仁贵的话语掷地有声，彰显出“君子之交淡如水”的真谛。从此，薛仁贵与王茂生一家的关系更加密切，这段佳话也流传至今，成为后人传颂的美谈。

天知，神知，我知，子知。何谓无知？

出处

南朝宋·范晔《后汉书·杨震列传》

译文

天知道，神知道，我知道，你知道，怎么能说没人知道呢？

解读 东汉时期的杨震曾担任过荆州刺史，后来被调任为东莱太守。他在前往东莱赴任的途中路过昌邑，昌邑县令王密正是杨震在荆州刺史任上所举荐的官员。得知杨震路过，王密心怀感激，为了报答昔日的知遇与提携之恩，白天空手拜访了杨震，而到了夜晚则秘密准备了十斤金子，意图私下赠予杨震。面对好友，杨震直言不讳地说道："我了解你的才能，但你似乎并不了解我的为人，为何要行此不义之事？"王密试图为自己辩解，轻声说道："夜深人静之时，无人能知此事。"杨震却义正词严地说："天知，神知，我知，子知。何谓无知？"这一席话让王密感到无地自容，只能带着金子悄然离去。

在古代社会，人们认为天地皆有灵性，有洞察人间一切的能力，也是一种最高的、无所不在的监视力量，这就是"天知、神知"的内涵。而"你知，我知"则强调了人与人之间的坦诚、无私与透明，当天、神、你、我都知道了某一件事情时，也就形成了一种全方位无死角的"知"的状态、一种无形的监督力量，时刻警示人们保持道德自觉与自律。

古人云："积善三年，知之者少；为恶一日，闻于天下。"（《晋书·帝纪第一》）做无数好事可能无人知晓，但做一件坏事可能天下皆知，可见谨言慎行是何等重要。因此，无论是普通人还是为政者都要加强道德修养，从小处着手，培养洞察力与预见性，汲取“明者见危于无形，智者规祸于未萌”（《三国志·魏书》）的智慧，自觉抵制住各种小恩小惠的诱惑。无论何时何地，“仰不愧于天，俯不怍于人”（《孟子·尽心上》），堂堂正正做一个顶天立地之人。

拓展阅读

杨震，字伯起，东汉时期的杰出人物。自幼精通经史，博览群书，学识渊博。中年时，他投身教育事业，门下弟子多达三千人，其中不乏国家栋梁之材，他因此被誉为“关西夫子”“关西孔子”。直至五十岁，杨震才步入仕途，最终官至太尉。他一生刚直不阿，勤政爱民，清廉自守，成为后世官员学习的典范。杨震“四知拒金”的故事流传至今，被后人尊称为“杨四知”“四知太守”“四知先生”。杨震的后代严守“清白吏子孙”的家训，尤其是他的第三子杨秉，更是以“三不惑”（不饮酒、不贪财、不近色）著称，赢得了“淳白”的美誉。从杨震到其孙杨彪，连续四代担任太尉之职，始终保持着高尚的家风，深受世人敬仰。杨震及其家族的故事不仅是东汉时期的一段佳话，也是中国历史上关于廉洁奉公品质的光辉篇章。

廉者常乐无求，贪者常忧[1]不足。

出处

隋·王通《中说》

注释

❶ 忧：发愁。

译文

清廉的人常常因无所贪求而感到快乐，贪婪的人常常因欲壑难填而感到忧虑。

解读　这句话通过“廉”与“贪”、“常乐”与“常忧”、“无求”与“不足”这几组对比，生动地描绘了两种为官者的形象及其不同的价值观，深刻地揭示了廉洁与贪婪两种不同心态对人生幸福感的影响。廉洁之人因心中无过多欲望而常感愉悦，他们对现状心满意足，内心平和宁静，不会被外界的物质诱惑所困扰或束缚。相比之下，贪婪之人则终日担忧自己所得不足，其欲望犹如无底深渊，即便已有所得仍不断追求更多财富与权力，这种永无止境的追求使他们难以体验到真正的幸福与内心的宁静。由此可见，廉洁者的生活或许简朴，但内心却丰盈安宁；而贪婪者的生活即便外表光鲜，内心却常处于不满与焦虑之中。

诚然，每个人都有各自的欲望，关键在于区分合理的欲望与过分的贪婪。合理的欲望，诸如求知欲、成长欲、发展欲等，是推动个人进步的基础，是通往成功的阶梯，也是激励人前进的动力源泉。而过分的贪婪，即贪欲，则会导致私心膨胀、道德败坏、人格丧失。“取金之时，不见人，徒见金”（《列子·说符》），当一个人面对财富和利益时，若不能自制，便会失去理智，变得肆无忌惮，甚至无视法律与道德的约束，最终自食其果。

“廉者常乐无求，贪者常忧不足”这句话蕴含着深刻的道理。它告诉我们，选择廉洁与贪婪，必然会

带来截然不同的结果。选择了廉洁，你就会拥有简单和纯粹的生活，不会因物质和欲望的驱使而疲于奔命，只会在自己力所能及的范围内找到幸福与满足。选择了贪婪，你就会孜孜于对财富、名利、权力与地位的追逐，在这种无休止索取身外之物的争斗中失去内心的平静，甚至不惜践踏个人的尊严与法律的权威，最终陷入难以自拔的困境之中。因此，我们要选择廉洁自律、知足常乐的生活方式，远离贪婪和腐败的泥潭。

拓展阅读

孔子的侄子孔蔑及弟子宓子贱都做官，孔子问了他们一个同样的问题，即“自汝之仕，何得何亡？”（《孔子家语·子路初见》）孔蔑发了一通牢骚：为官以后，无所得却有所失者有三：一是公务繁忙，没时间学习与精进；二是俸禄太少，家庭困难还顾不上亲戚，导致骨肉亲情疏远；三是公务紧急，难得参与亲朋好友家的事情，因而情谊缺失。孔子听后很不高兴。相反，宓子贱告诉老师，自为官以来，不仅无所失，而且在三个方面有收获：学而实践之，学识更加深厚；俸禄虽然不多，但足够养活家人，还能惠及亲戚，骨肉亲情比以前更深厚了；公务虽繁忙，但仍可抽时间吊唁逝者，慰问病人，朋友间情谊也更深厚了。孔子听后非常满意，并感慨宓子贱真是个君子啊。

君子行廉以全其真[1]，守清以保其身。

出处

唐·武则天《臣轨·廉洁章》

注释

❶ 真：天性。

译文

君子奉行廉洁以保全自己的天性，恪守清廉以保全自己的身家。

解读

此格言原文如下："知者不为非其事，廉者不求非其有，是以远害而名彰也。故君子行廉以全其真，守清以保其身。"这句话的大意是，明智的人不会去做不该做的事情，廉洁的人不会贪求不属于自己的东西，这样便能远离灾祸，美名得以彰显。所以君子通过奉行廉洁来保全自己的天性，坚守清廉以保护自身的安全。真正的廉洁首先在于克服内心的贪欲，不被外物所役使。只有对不属于自己的东西不生贪念，不妄图占有，才能保持头脑清醒，洞察不当之利背后的潜在风险。反之，若任由物欲滋长，对于不应占有的事物也敢伸手，不顾后果地索取，只见眼前利益而忽视潜在的危害，必将自食其果，祸及自身。

中国的廉洁文化历史悠久，源远流长。早在《尚书·皋陶谟》中就有对"廉"这一美德的深刻论述："宽而栗，柔而立，愿而恭，乱而敬，扰而毅，直而温，简而廉，刚而塞，强而义。"春秋战国时期，诸子百家对于"廉"的探讨亦十分丰富。孟子曾言："可以取，可以无取，取伤廉。"（《孟子·离娄下》）法家的集大成者韩非则指出："所谓廉者，必生死之命也，轻恬资财也。"（《韩非子·解老》）另一位法家代表人物管子认为，国家治理有四大支柱，即"礼、义、廉、耻"。《韩诗外传》中也有类似的表述："智者不为非其事，廉者不求非其有。"这些流传千古的名言警句，无不强调"廉者，政之本也"，去贪存廉、去私存公是为政者应当恪守的基本准则和道德底线。

拓展阅读

古人们始终奉行廉洁从政的原则。东汉时期，羊续担任南阳太守时，一位官吏深知他喜爱吃鱼，便特地带来南阳特产白河鲤鱼，稍作寒暄后便匆匆离去，不给羊续拒绝的机会。这位官吏离开后，羊续将这条鲤鱼悬挂在门梁上。后来，这名官吏再次前来送鱼，羊续便指着那条已经风干的鱼说道："上次您送的鱼还挂在这里，已经成了鱼干，请您一并带回去吧。"见羊续态度如此坚定，这名官吏终于打消了继续送礼的念头。"羊续悬鱼"的典故至今仍在警示世人：不属于自己的东西，哪怕是一条小小的鱼也不应接受；非分之财不可取，非已之利不可贪。唯有做到"不求非其有"，才能保持心灵的纯净，避免招致麻烦。这些古代官员以身作则，廉洁自律，公私分明，对于不属于自己的财物，哪怕是一丝一毫也不贪求。他们的高尚品德和清廉作风，为后世树立了光辉的榜样。

纪纲[1]一废，何事不生？

出处

北宋·苏轼《上神宗皇帝书》

注释

[1] 纪纲：纲领、法度。

译文

国家纲纪一经败坏，什么祸国殃民的坏事不会生出来？

解读 这是苏轼向宋神宗呈递的奏折中的一句话，主要针对当时权臣独揽大权，逾越法律常规，导致民众普遍不满的情况。熙宁二年（1069），宋神宗任命王安石为参知政事，启动了一系列激进的改革。苏轼对这些改革持有异议，遂向神宗皇帝上书，表达了自己的深刻见解。文章开篇，苏轼便提出："臣之所欲言者三，愿陛下结人心、厚风俗、存纪纲而已。"苏轼忧虑地表示，"纪纲一废"，国家必将陷入混乱和祸端之中。因此，他恳请宋神宗从长远考虑，重视并维护国家的法纪，避免因一时的变法热情而忽视了法纪松弛可能带来的严重后果。他的这番谏言不仅体现了对国家前途命运的关怀，也表达了对法纪松弛可能招致无穷后患的担忧。

法纪严明是赢得民众信任的根本之道，亦是国家繁荣昌盛的关键所在，这一点自古至今皆然。步入新时代，我们党肩负着以中国式现代化全面推进中华民族伟大复兴的崇高使命，面对日益复杂的形势和愈加艰巨的任务，加强法纪显得尤为迫切。习近平总书记一再重申，"定了规矩就要照着办""自觉按原则、按规矩办事""要坚持原则、恪守规矩"。全面从严治党，不仅需要改进作风、惩治腐败，更重要的是重塑纪律体系，树立规矩意识，使政治纪律和政治规矩成为不可逾越的"高压线"，确保党在政治上的团结一致、坚强有力。

拓展阅读

马谡熟知兵法，才气过人，深得诸葛亮器重，尽管刘备去世前曾言“马谡言过其实，不可大用，君其察之”，但诸葛亮仍重用他，并用其攻心之计七擒孟获。然而，在诸葛亮为实现统一中原的宏图大业而发动的北伐战争中，十分关键的街亭一战，却在很大程度上因马谡自恃才高、违背诸葛亮的作战部署而被魏将张郃打败，导致街亭失守，使蜀军极为被动，只好败退关中。马谡的行为不仅严重破坏了作战计划，更动摇了军心。为了严明军纪，维护军队的纪律性与战斗力，诸葛亮 “戮谡以谢众”（《三国志·诸葛亮传》）。他深知，军纪如山，法不容情，他必须让全军知道法纪不可乱，违者必受严惩的道理。当然，诸葛亮事后也对自己用人进行了深刻反省，并极力抚恤马谡的遗孤，以此表达对他的痛惜。

当官之法，惟有三事，曰清❶、曰慎❷、曰勤。

出处

南宋·吕本中《官箴》

注释

❶ 清：清廉，公正廉洁，两袖清风。
❷ 慎：慎重，周密考虑，谨言慎行。

译文

当官的法则只有三条，即清廉、谨慎、勤勉。

解读

此格言出自“当官之法，惟有三事。曰清、曰慎、曰勤。知此三者，可以保禄位，可以远耻辱，可以得上之知，可以得下之援”。在这段话中，“清”意味着清廉正直，两袖清风；“慎”强调的是审慎周详，言行皆需谨慎；“勤”则指勤奋努力，不断学习，积极进取。吕本中认为当官的法则只有三条，即清廉、谨慎、勤勉。遵守这三条法则，就可以保住官位，远离耻辱，得到上司的赏识和下属的拥戴。“清、慎、勤”三字作为为官之道，自古以来备受推崇。“清”字当头，以激浊扬清为从政之本；“慎”字为先，以慎独慎微为修身之基；“勤”字为重，以勤政务实为成事之本。

此格言在现代社会仍具有重要的警示价值。对于公职人员来说，要以慎立德，守得住清廉，耐得住寂寞，勤奋好学，鞠躬尽瘁，为官一任，造福一方，做信念坚定、为民服务、勤政务实、敢于担当、清正廉洁的好公仆。只有这样，才能严格遵守党纪国法，做到秉公用权，不以权谋私；依法用权，不假公济私；廉洁用权，不贪污腐败。才能具备强烈的事业心和高度的责任感，积极主动地投身于工作，想干事、肯干事、能干事、干成事，为工作尽心尽力，尽职尽责，无私奉献，真正做到为党和人民的事业鞠躬尽瘁。为官从政者唯有修好“清”“慎”“勤”三字，时刻牢记“清”，严格谨守“慎”，扎实践行“勤”，方能做到清而不浊，慎而不骄，勤而不惰。

拓展阅读

关于吕氏《官箴》，《四库全书总目提要》称：“故此书多阅历有得之言，可以见诸实事。书首即揭清、慎、勤三字，以为当官之法，其言千古不可易。王士祯《古夫于亭杂录》曰：‘上尝御书清、慎、勤三大字，刻石赐内外诸臣。案此三字，吕本中《官箴》中语也。’是数百年后，尚蒙圣天子采择其说，训示百官，则所言中理可知矣。”“清、慎、勤”是南宋吕本中提出的为官之道的核心原则，历经千年而不衰。康熙帝曾亲笔书写“清、慎、勤”三字并刻石立碑，以训诫百官，这也成为清朝普遍遵循的为官准则。因此，近代著名学者梁启超在其《新民说》第五节“论公德”中指出，近代最为人们熟知和推崇的为官箴言，莫过于“清、慎、勤”三字。

士有公❶天下之心，然后能举❷天下之贤。

出处

元·张养浩《三事忠告·风宪忠告》

注释

❶ 公：以……为公。

❷ 举：推举。

译文

士大夫具有了以天下为公的思想，然后便能推举天下的贤才。

解读 此格言突出了推荐贤人时持有公正之心的重要性。短短两句话，意在说明只有怀揣着为天下谋福利的公心，才能真正识别并推举出天下贤才的道理。在选拔任用人才的过程中，一旦失去公正无私的心态，不仅难以选出合适的人选，甚至可能因错误的选择引发一系列连锁反应，导致不良后果的产生。

在古代社会，人们普遍认为“公”是巩固政权、加强统治的基石。为政者唯有秉持公正之心，才能赢得民众的信任和支持。“尧有子十人，不与其子而授舜；舜有子九人，不与其子而授禹。至公也。”（《吕氏春秋·去私》）《论语·为政》有言：“举直错诸枉，则民服；举枉错诸直，则民不服。”为政者若能做到公平公正，就能选拔出更多德才兼备的治理人才，从而推动国家的繁荣与发展。墨子也曾告诫当政者：“不党父兄，不偏富贵，不嬖颜色，贤者举而上之。”（《墨子·尚贤中》）这不仅是对执政者的警示，也是对社会风气的引导。在中国悠久的历史长河中，无论是明君、圣人还是清廉的官员，都一致强调从政者应具备公道正派的品质，倡导“公天下”的理念。正如明末清初的思想家黄宗羲所言：“不以一己之利为利，而使天下受其利；不以一己之害为害，而使天下释其害。”（《明夷待访录·原君》）

拓展阅读

祁奚（前620—前545），字黄羊，春秋时期晋国人，是一个拥有崇高尚公精神的人。特别是在举荐人才方面，他从国家利益出发，外举不避仇，内举不避亲，得到高度赞扬。关于他推举贤能之人的故事，在《吕氏春秋·去私》中有详细记载。祁黄羊年事已高请求退休，晋国国君问他谁可以代替他的职位时，他推荐了杀父仇人解狐。国君听了很不解，解狐可是祁奚的仇人呀！而祁黄羊却说："君问可，非问臣之仇也。"后来，国君又问祁黄羊，现在国家缺一个管理军事的尉官，祁黄羊便推荐了自己的儿子祁午。祁黄羊说，您问的是谁可以胜任这个职位，没有问谁是我的儿子。在其推荐下，国君任用了他们，国人纷纷称赞。孔子闻之曰："善哉，祁黄羊之论也！外举不避仇，内举不避子，祁黄羊可谓公矣。"

公❶生明，廉生威❷。

出处

明·年富《官箴》刻石

注释

❶ 公：公正无私，公平正直。

❷ 威：威信，令人信服的力量。

译文

为官公正，才能使政治清明；为官清廉，才能在百姓中树立威信。

解读

“公生明，廉生威”这句古训源自明清时期广为流传的一则官箴，其完整表述为：“吏不畏吾严而畏吾廉，民不服吾能而服吾公。廉则吏不敢慢，公则民不敢欺。公生明，廉生威。”官员的下属敬畏的不是其严厉而是其廉洁，百姓信服的不是其才干而是其公正。为政者若能保持清廉，下属便不敢怠慢；若能秉持公正，百姓便不敢欺瞒。唯有公正，方能明辨是非；唯有清廉，方能树立令人敬仰的威望。这句古训深刻地揭示了为官之道的核心要义，即“公”与“廉”，二者缺一不可。

“公生明，偏生暗”（《荀子·不苟》），只有公正方能明察真理，故在古代府州县衙门大堂前，多竖立一块刻有“公生明”三字的石碑。石碑背面则刻“尔俸尔禄，民膏民脂，下民易虐，上天难欺”十六个字，以此警示官员勿滥用职权，珍惜民脂民膏，秉公办事。“廉生威”也是官员需谨记的原则，因为为官只有守得住清正廉洁才能得到人们的敬畏与尊重，从而树立起威信，推动各项工作顺利开展。

“公生明，廉生威”字字珠玑，道尽了中国人几千年为官之道的无上追求。党员干部唯有秉持公心，事事出于公义，方能坦荡做人，谨慎用权，展现出光明磊落、堂堂正正的形象。若不能公正行事，则易滋生以权谋私之事；若不够廉洁自律，则难免藏污纳垢，最终导致贪污腐败，党和政府的权威将难以维系。

“公生明，廉生威”不仅是对官员提出了约束与要求，对普通人也具有重要启示。时刻警示我们要汲取先贤的智慧，不断加强道德修养和职业操守，时刻保持清醒的头脑和廉洁的作风，以廉洁自律和公正无私的态度面对生活和工作中的挑战和诱惑，不断追求更高的道德境界和人生价值。

拓展阅读

“公生明，廉生威”这句古训，是明清两代正直廉洁的官员们用以自警的座右铭。据学者考证，明永乐年间理学大师曹端向其学生，新任西安知府郭晟传授为官之道时说：“其公廉乎。公则民不敢谩，廉则吏不敢欺。”（《明史·儒林一》）后此官箴扩展至“吏不畏吾严而畏吾廉，民不服吾能而服吾公。公则民不敢慢，廉则吏不敢欺”三十个字。山东巡抚年富在任上得到曹端的三十字官箴言后如获至宝，又加上了“公生明，廉生威”六个字，用楷书书写《官箴》并刻石立碑，以此作为自己为官清正廉明、刚直不阿的座右铭。《明史·年富传》记载，年富“廉正强直，始终不渝”“纠正违失，务存大体”，裁决事务时“果敢有为，权势莫能挠”。他矢志不移地以铭文为诫，实现了“官”与“箴”的完美统一，使“公生明，廉生威”不仅成为其个人居官从政的修养和品德，而且得到了广泛的传扬。

一丝一粒，我之名节；一厘一毫，民之脂膏[1]。

出处

清·张伯行《却赠檄文》

注释

[1] 脂膏：人民辛勤劳动所得的财富。

译文

即使只是一根丝、一粒米，都关系着我的名节；哪怕是一厘钱、一毫钱，全都是老百姓的血汗。

解读

"一丝一粒，我之名节；一厘一毫，民之脂膏。宽一分，民受赐不止一分；取一文，我为人不值一文。谁云交际之常，廉耻实伤；倘非不义之财，此物何来？"这是清代张伯行《却赠檄文》中的话。这篇檄文虽然只有五十六个字，却巧妙地运用了八个"一"，深刻阐述了关注民众疾苦、重视个人名节，以及反对送礼行贿的重要理念。"一丝一粒"虽看似微不足道，却关乎个人的名誉和品德；"一厘一毫"虽细微，却是百姓辛勤劳动的结晶。对百姓宽厚一分，百姓所获将远超一分；若向百姓索取一文，便会沦为寡廉鲜耻之人。这句格言不仅彰显了廉洁奉公的职业精神，也体现了高尚的道德情操。

"一丝一粒，我之名节。"名节是个人道德品质、行为准则和人格魅力的综合体现。它恰如一面镜子，映照出人的内心世界和道德修养。一个拥有良好名节的人，通常能够赢得他人的信任和尊重，从而在社会上树立起积极向上的形象。因此，自古以来，名节都是上至帝王、下至老百姓特别看重的，而"名节重泰山，利欲轻鸿毛"更是道出了仁人志士的心声。于是，便有了君子宁可饿死，亦"不食嗟来之食"（《礼记·檀弓下》）的操守和"人过留名，雁过留声"（《增广贤文》）的追求。

"一厘一毫，民之脂膏。"民众的每一分钱、每一份财富都是他们辛勤劳动的成果，值得珍惜。作为普通老百姓，要传承好中华民族勤俭节约的优良传统，倡导节约，避免浪费，养成合理的消费观与行为方式，为社会的可持续发展贡献自己的力量。作为党员干部，要牢记“贪如火，不遏则自焚；欲如水，不遏则自溺”“堤溃蚁孔，气泄针芒”“苟非吾之所有，虽一毫而莫取”等古训，从细微处着手，严格要求自己，做到慎独、慎初、慎微，坚定理想信念，坚决抵制不良诱惑，做到“不以恶小而为之”。

拓展阅读

张伯行是河南仪封人，曾先后担任福建巡抚、江苏巡抚以及礼部尚书等要职。他以清廉刚直著称，康熙皇帝赞其“居官清正，天下所知”。为了拒绝络绎不绝的送礼者，他撰写了《却赠檄文》张贴在家宅院门和巡抚衙门的显眼位置。其犀利的言辞令许多送礼者望而却步，悄然离去，此文被誉为为政清廉的“金绳铁矩”。面对灾荒，张伯行不仅自掏腰包购买粮食和衣物救济灾民，还果断开仓放粮，以解民众燃眉之急。张伯行卸任江苏巡抚之际，扬州的老百姓自发组织起来，送去新鲜的水果和蔬菜，表达对他的感激之情。面对这份深情厚谊，张伯行再三推辞，但最终还是接受了百姓的心意——一棵青菜和两块豆腐，寓意“一清二白”。

见小利①，不能立大功②；存私心，不能谋公事。

出处

清·王永彬《围炉夜话》

注释

① 利：利益。
② 功：功绩。

译文

只能见到小小的利益，就不能立下大的功绩。存着自私的心，就不能为公众谋事。

解读

“见小利，不能立大功。”自古以来，不图小利，勿存私心，一直是私人道德和公共道德的原则。在面对利益选择时，不应仅仅追求个人的小利益，而应该着眼于大局，努力做出最大贡献、取得更大进步。

子夏在做莒父的长官时曾问政于孔子，孔子告诉他：“无见小利”“见小利则大事不成”（《论语·子路》）；曹操在评价袁绍时说：“干大事而惜身，见小利而忘命，非英雄也”（《三国演义》），断定其虽想做大事却过于珍惜自己的生命、看到小的利益就会忘记生命的风险，难以成为真正的英雄；而《北史》也提到了“营大者，不计小名；图远者，弗拘近利”。这些都说明，为人行事如果过分看重眼前的微小利益，往往会失去更大的机会或成就。所以，一个人的视野和格局决定了其能否做出正确的选择。只有不计小名小利，才能做出长远规划，取得更大成就。

“存私心，不能谋公事”则深刻地阐述了公私分明、先公后私的重要性。古人云：“一心可以丧邦，一心可以兴邦，只在公私之间尔。”（程颢、程颐《二程遗书》）自古以来，如何妥善处理公与私的关系，一直是评价官员品行的重要标准。公私如一杆秤，能衡量出清廉与污浊；公私如一面镜子，能照见廉洁与贪婪。公字本身便蕴含着“无私”的深意，唯有心无旁骛、不计个人得失之人，方能全心全意为大众谋福祉。若心中存有私念，在面对公共利益与个人利益时，往往会倾向于选择后者而忽视前者；在遭遇公共危害与个人危害时，只会考虑避免个人的损失而无暇顾及公共的利益。公私之间的抉择，实际上是检验个人品德与境界的试金石。只有将公共利益置于首位，事事出于公心，才能树立正确的是非观、权力观、义利观和事业观。

拓展阅读

历史上，很多为政者之所以能够千古流芳，皆因他们都有一个显著的特点——坚持守公去私，做到内心无愧，外行不失礼法。南北朝时期的南梁名臣、尚书徐勉，以其廉洁奉公、不徇私情著称。有一次，他邀请几位好友相聚，席间，一位名叫虞暠的客人向他请求官职。徐勉面色庄重地回答："今晚我们只谈风花雪月，不宜涉及公务。"虞暠碰了一鼻子灰，只好尴尬地告辞。徐勉因此被世人誉为"风月尚书"。他秉持公正，摒弃杂念，舍弃私心，在人情面前坚守原则，在大事面前维护公义，这正是徐勉受人敬仰的根本原因，也是为官者应当遵循的政德操守。

六 乐观豁达

人不知而不愠[1]，不亦君子乎？

出处

《论语·学而》

注释

[1] 愠（yùn）：生气、恼火、埋怨。

译文

人家不了解（我），（我）也不生气，不也是品德上有修养的人吗？

解读 这句格言彰显了孔子的乐观情怀。孔子生于乱世，道不得行，但他坚持“谋道不谋食”“忧道不忧贫”（《论语·卫灵公》），为恢复礼乐文明，构建以德治国的社会而奔走，颠沛流离。其间，楚国狂人接舆一边唱歌一边走过孔子的车，借凤凰嘲讽孔子不识时务。面对长沮、桀溺等的讥讽时，孔子并不生气，怃然曰：“鸟兽不可与同群，吾非斯人之徒与而谁与？天下有道，丘不与易也。”（《论语·微子》）当子贡告诉孔子郑国守门人说他“累累若丧家之狗”（《史记·孔子世家》）时，孔子欣然笑曰：“然哉！然哉！”在周游列国的路上，困于陈国和蔡国之间，“不得行，绝粮。从者病，莫能兴”。弟子多有怨言，孔子却讲诵弦歌不衰。无论遇到什么困难，孔子总是能坦然面对，因为他知道“躬自厚而薄责于人，则远怨矣”（《论语·卫灵公》）的道理，也知道君子“不病人之不己知也”（《论语·卫灵公》）。

孔子说：“古之学者为己，今之学者为人。”（《论语·宪问》）站在这个角度来看，“人不知而不愠”正是为己之学的表现。孔子面对别人的不知而不生气，有着“芝兰生于深林，不以无人而不芳”（《孔子家语》）的洒脱，这就是君子的坦荡与释然。

“人不知而不愠，不亦君子乎？”这句话对现代人来说，不仅是一种道德上的提醒和修养上的要求，更是一种生活智慧和处世哲学。它鼓励我们在面对他人的不了解时，保持宽容、自信和独立，并通过有效沟通来增进彼此的理解和信任。

拓展阅读

楚昭王曾想聘用孔子，孔子前往拜谢，途经陈蔡两国时，两国大夫担心楚国任用孔子对国家不利，便将孔子围困，导致孔子师徒一众人被困且与外界失联，还断粮七天。随从的弟子们都病了，孔子却更加慷慨激昂地讲学，用琴瑟伴奏不停地唱歌。面对一脸怒气的子路，孔子说了一段非常经典的话："夫遇不遇者，时也，贤不肖者，才也。君子博学深谋而不遇时者，众矣，何独丘哉？且芝兰生于深林，不以无人而不芳；君子修道立德，不谓穷困而改节。为之者人也，生死者命也。"孔子认为，一个能否成功，时运和才能都很重要，学识渊博、深谋远虑而时运不济的人很多。芝兰生长在深林之中，不会因为无人欣赏而不芳香；君子修养身心、培养道德，不会因为穷困而改变节操。所以，君子博学且坚持修养心性是自己的事，坚持自己的志向，保持奋斗的心，做有志者，就足够了。

君子食无求饱，居无求安，敏于事而慎于言。

出处

《论语·学而》

译文

君子饮食不贪求饱足，居住不贪求舒适，做事勤敏而说话谨慎。

解读 这是出自孔子之口的格言，指明了君子在饮食、居住、说话及做事等方面应遵循的原则。其中“食无求饱”“居无求安”，要求君子不应沉溺于物质享受的层面，而更应该注重道德修养及志向的追求，“饱食终日，无所用心，难矣哉！不有博弈者乎，为之犹贤乎已”（《论语·阳货》），“饭疏食饮水，曲肱而枕之，乐亦在其中矣。不义而富且贵，于我如浮云”（《论语·述而》）。而对于“士志于道，而耻恶衣恶食者”（《论语·里仁》），也就没有必要跟他探讨道义的问题了。所以，在孔门三千多弟子中，孔子称赞颜回的次数很多，颜回“一箪食，一瓢饮，在陋巷，人不堪其忧，回也不改其乐”（《论语·雍也》）的态度是其重要原因。面对常人难以忍受的生活与学习环境，颜回却能够保持内心的平静和快乐，这实在是太难能可贵了。

作为君子，除了要保持内心的清净与平和，不被饮食居住条件等所累，还要“敏于事而慎于言”，警惕、小心慎重地说话做事。我们要时刻留意身边的事情，而不是无视它的存在；我们要时刻保持忧患意识，安而不忘危，存而不忘亡，治而不忘乱；说话做事要慎重，因为“言行，君子之枢机。枢机之发，荣辱之主也。言行，君子之所以动天地也，可不慎乎”（《周易·系辞上》），也有“祸从口出”之说，由此可见敏于事而慎于言的重要性。

拓展阅读

隋朝大将贺若弼，其父因武勇刚烈遭人嫉妒被陷害致死，临终前“引锥刺弼舌出血，诫以慎口”(《隋书·贺若弼传》)。贺若弼的父亲以这样一种极端的方式告诫儿子要慎言，所以，贺若弼谨言慎行，在北周武帝让他谈谈对太子的看法时，他深知“君不密则失臣，臣不密则失身”的道理，不敢轻易发表议论，因此太子继位后，他得以幸免于难。但后来，随着在隋朝统一江南的过程中屡立战功，以及隋文帝对他的恩宠，他的地位越来越显赫，渐渐权势滔天。贺若弼自认为自己的功劳在朝臣中无人能及，常常以宰相自居。所以，当杨素被任命为右仆射，而他仍然只是将军时，他感到非常不满，骂杨素是“饭桶”，这种情绪甚至直接表现在言语和脸色上。他因此被免去了官职，心中的怨恨更加深重。几年后锒铛入狱，后来虽恢复了爵位，又因私下议论隋炀帝设大帐一事被人告发。最终，贺若弼被处死，他的妻子和儿女被降为官奴，亲族被流放到边疆。可见“慎于言”的重要性。

良农不为水旱不耕，良贾不为折阅[1]不市[2]，士君子不为贫穷怠乎道。

出处

《荀子·修身》

注释

❶ 折阅：亏损。

❷ 市：做买卖。

译文

一个好的农民，不会因为有水旱等自然灾害就不去耕种；一个好的商人，也不会因为一时的亏损就不做买卖；一个有学识、有品德的人，不会因为贫穷就懈怠于对道德、学问、理想等的追求。

解读

“良农不为水旱不耕”，耕地是农民的责任与担当，也是生计所托；“良贾不为折阅不市”，这是商人所应拥有的坚韧不拔的商业精神；“士君子不为贫穷怠乎道”，这是有志向、有道德追求的士君子的高尚品质。此格言通过列举农民、商人及士君子这些不同身份的人面对挫折时永不放弃的做法，说明了坚守、执着、担责的重要性。同时也告诉我们一个真理：在生活中，无论从事何种职业、身处何种境地、面临何种挫折与困难，都要有坚定的信念和不轻易放弃的决心，不被外界的困难和不利因素所干扰、动摇，不因外界的风雨而迷失方向，不因暂时的困境而放弃梦想，始终保持积极向前的乐观姿态。唯有如此，方能在人生的旅途中走出属于自己的坚定步伐，绽放出那永不凋零的生命之花。

在古代典籍中，类似强调坚守本心、不因外界因素而改变自身行为准则的表述很多。“君子固穷，小人穷斯滥矣”（《论语·卫灵公》），“身劳而心安者为之，利少而义多者为之”（《朱子语类》），无论何时，都要坚守义理，保持“天生我材必有用，千金散尽还复来”（李白《将进酒》）的乐观心态。要坚信“锲而舍之，朽木不折；锲而不舍，金石可镂”（《荀子·修身》），只有在不同境遇中坚定立场，坚守职责，不懈追求，才能使理想目标早日实现。

拓展阅读

中华人民共和国成立之初，美国国务卿艾奇逊就预言：共产党政权将因无力解决中国人的吃饭问题而垮台。然而，他的预言却没有应验。中国不但用不足世界7%的耕地养活了世界22%的人口，而且为全人类解决粮食问题带来了福音。这要归功于杂交水稻之父——袁隆平。20世纪50年代，贫困、饥饿是国人难以摆脱的噩梦。让人们好好地吃上饭是袁老的心愿，“禾下乘凉”也成为他终生的梦想。于是，他腰弯成90度，一手拿放大镜，一手拿镊子，终于在找到第6400株稻穗时发现了一株天然雄性不育稻，还从14000个稻穗中找出了5株不育稻。面对各种困难，他从未言弃，最终取得了成功。2021年8月，15亩“巨型稻”在重庆市长虹村试种成功，实现超高产。“巨型稻”植株高达两米，远看像一片片小树林，袁老“禾下乘凉”的梦想得以成真。

智者弃短取长，以致其功。

出处

南朝宋·范晔《后汉书·王充王符仲长统列传》

译文

明智的人会舍弃自己的短处，发挥自身的长处，从而取得成功。

解读

“智者弃短取长，以致其功”这句话，简洁而有力地传达了一种重要的行事智慧与乐观态度。在生活中，每个人都有自己的优点和不足，而智者懂得正视自身的情况，不会让自己困于自我否定的泥沼之中。他们深知，短处犹如前行路上的绊脚石，一味纠结于此只会举步维艰。于是，他们果敢地选择舍弃短处，就如同丢弃那沉重且无用的包袱，轻装上阵。而后，将目光聚焦于自身的优势，如同挖掘深埋地下的珍宝一般，使其散发出璀璨的光芒。

中国传统文化中类似的表述有很多，如《孙子兵法》中强调要“知己知彼”，其中“知己”便包含了对自身优势及劣势的了解，只有明确自身优势并善加利用，在战争等情境中才能更有胜算；又如《韩非子》中提到做事要依据自身能力和周围形势，合理施展手段，也是在一定程度上暗示要发挥自身长处去行事，以获取有利结果。这些都与“智者弃短取长，以致其功”所传达的理念有着相通之处，都在强调认识自我、善用优势对于成功的重要性。

此格言不仅强调对个人能力的精准运用，更点明了一种乐观豁达心态的智慧选择、高效积极的人生策略。它提醒我们，金无足赤，人无完人，要学会客观地剖析自己，既敢于接受自身的不足，也要充分认可自己的优势。要效法智者，弃短取长，以长克短，通过合理运用自身优势扫除前进道路上的各种羁绊，以乐观豁达之心态成就属于自己的人生。

拓展阅读

汉高祖刘邦农民出身，不爱学习与劳动，好酒色，但为人豁达。他打败项羽，于公元前202年称帝，建立汉朝，定都长安，史称西汉。平定天下后，他在洛阳南宫设宴招待群臣。在讨论他与项羽得失天下的原因时，刘邦说了一句非常经典的话："夫运筹策帷帐之中，决胜于千里之外，吾不如子房；镇国家，抚百姓，给馈饷，不绝粮道，吾不如萧何；连百万之军，战必胜，攻必取，吾不如韩信。此三者皆人杰也，吾能用之，此吾所以取天下也。项羽有一范增而不能用，此其所以为我擒也。"（《史记·高祖本纪》）刘邦认为，自己之所以能打败项羽而得天下，最大的原因是自己能得杰出人才而用之。因为刘邦深知自己的短处：谋略上不如张良，镇国家、抚百姓方面不如萧何，军事上不如韩信，所以他信任并重用他们，这是他取得天下的关键。反观项羽，却因陈平的离间计猜忌那个曾助其打赢巨鹿之战及建立西楚政权的谋臣范增，致使范增生气辞官，病死在归家途中。

失之东隅❶，收之桑榆❷。

出处

南朝宋·范晔《后汉书·冯岑贾列传》

注释

❶ 东隅：指日出处，借指早晨。

❷ 桑榆：日将落时余光在桑榆之间，指日落处，借指傍晚。

译文

在早晨丢失了，傍晚又得到了。意指在此时此地遭受失败或损失，而在彼时彼地又取得了成功或者收获。

解读

此格言出自“赤眉破平，士吏劳苦，始虽垂翅回溪，终能奋翼黾池，可谓失之东隅，收之桑榆。方论功赏，以答大勋”。这是在冯异打败赤眉军以后，光武帝刘秀嘉奖他时说的一段话。冯异虽然在回溪吃了败仗，但在黾池大获全胜，真可谓东方不亮西方亮，理应论功行赏。此格言强调了事物发展的多样性和变化性，提醒人们在面对困难和挫折时要保持乐观的精神，不要在意一时的失意，只要敢于奋起直追，定会有所收获。

“失之东隅，收之桑榆”表现出冯异波澜壮阔的军事生涯。王莽新朝时，刘秀起兵争夺天下。一次大战中，刘秀派大将冯异去攻打赤眉军。起初，冯异在东边的战场上与赤眉军交战，战况不利，吃了败仗，这可谓是“失之东隅”。但冯异并未气馁，他迅速调整策略，重新观察局势。赤眉军虽初战得胜，但因粮草等问题开始出现乱象。冯异抓住这个时机，在崤底设下埋伏。当赤眉军行至此处，冯异率军突然杀出，打得赤眉军措手不及，最终成功收降了大部分人马，这便是“收之桑榆”。冯异凭借此次战功声名大噪，也让刘秀的势力得到极大扩充。冯异虽然在起初的战争中失败了，但最终取得了胜利。

这句话蕴含着深刻的人生哲理，它时刻提醒人们，即便在某个方面不幸遭遇失败，错失了一些机会，但只要不灰心气馁，善于发现并把握时机，往往

就能在其他方面收获成功，得到相应的补偿。在生活中，我们要用辩证的眼光看待人生境遇，不要被一时的得失左右，保持平和的心态，坚持不懈地努力，总会成功。

拓展阅读

《后汉书》是南朝宋历史学家范晔编撰的纪传体史书，与《史记》《汉书》《三国志》合称为“前四史”。全书共一百二十卷，记载了公元23年至220年东汉的历史。范晔以《东观汉记》为主要史料依据，自撰成书。原书只有九十卷，后由南朝梁刘昭取司马彪《续汉书》中的八志三十卷补入。该书具有多重价值，其创立《党锢》《宦者》《列女》等类传等，创新了史书体例。书中人物刻画生动，观点鲜明，褒贬之情明显。如《党锢传》歌颂人的正直品质，不为无所作为的大官僚立传。同时，其文字具有骈文和声律之美，文学价值高，部分篇章被《文选》收录。《后汉书》史料丰富，涵盖帝王列侯、宦官、酷吏及各族人民，为研究东汉历史提供了翔实依据，对后世史学和文学影响深远。

天生我材必有用，千金散尽还复来。

出处

唐·李白《将（qiāng）进酒》

译文

上天赋予我才华必然是有用处的，
千两黄金花完了也能够再次获得。

解读

此格言出自唐代诗人李白，强调了每个人都有自己的价值和用途，不能因为一时的困顿而沮丧。“天生我材必有用”，代表李白深信其内在才华终将如星辰般璀璨夺目，被世人所识。这不仅是对自身能力的肯定，更是对未来无限可能的乐观展望。“千金散尽还复来”，代表李白以豁达胸襟笑看风云，坚信即便千金散尽，凭借自身才华也能东山再起，彰显了他看淡物质的豁达境界。

从李白自信的光辉中我们领悟到，每个人身上都蕴藏着不可估量的价值与才能。不论身处何种境遇，我们都应坚守内心的信念，不要因为一时的挫败或是他人的非议就轻易否定自己的价值。而从豁达的智慧里，“千金散尽还复来”则向我们揭示了一种超越物质束缚的豁达情怀。在人生的旅途中，财富得失不过是过眼云烟，我们无需过分沉溺于金钱的累积与失去。当财富降临，我们应明智地运用，让它成为滋养生活的甘霖；当财富散去也无需过分哀伤，因为只要心中有梦，脚下有力，我们总能再次创造属于自己的辉煌。这种豁达的心态，让我们在面对人生的起起落落时能够始终保持平和之心，不役于物，自由而洒脱地生活。

拓展阅读

李白（701—762），字太白，号青莲居士，唐朝伟大的浪漫主义诗人，被后人誉为“诗仙”，与杜甫合称“大李杜”。李白自幼便展现出文学天赋，五岁诵六甲，十岁观百家，十五岁开始撰写诗赋并获得社会名流的认可。青年时游学各地，受到道家、侠客思想影响。二十四岁离开故乡，游历多地后定居安陆，与许圉师孙女成婚，并结识孟浩然等友人。天宝元年，受玉真公主和贺知章推荐，李白进京供奉翰林，却因性格狂放不羁得罪权贵，最终离开长安。安史之乱爆发后，他因参与永王东巡被判罪，流放夜郎，后获释。晚年的李白生活窘迫，投奔族叔李阳冰，最终病逝于当涂。其一生创作诗歌千余首，现存九百余首，作品风格豪放飘逸、意境奇妙，多抒发政治抱负、对权贵的蔑视及对自由的向往。虽然仕途坎坷，他的诗歌却在这诸多经历中愈发熠熠生辉，记录下了他在追求理想、实现抱负过程中的自信、希望、失意与不甘。

长风破浪会有时，直挂云帆济沧海。

出处

唐·李白《行路难》(其一)

译文

尽管前路障碍重重，但仍将有一天会乘长风破万里浪，挂上云帆横渡沧海，到达理想的彼岸。

解读 唐玄宗天宝三年（744），时任翰林的李白因宦官高力士和杨贵妃等人的诋毁，被迫离开长安。失意的境遇并未熄灭他心中的激情，反而坚定了他对未来美好生活的信念。在人生低谷期，他创作了《行路难》一组组诗，共三首，“长风破浪会有时，直挂云帆济沧海”出自其中一首，表达了诗人失意时仍能保持豪迈气概和乐观精神的壮阔胸襟。如今，人们通常用这句诗比喻人生的道路虽然曲折，但只要坚持不懈地努力，就能驾乘理想的“长风”，扬起人生的“云帆”，克服重重困难，抵达光明的彼岸。

2012年11月29日，习近平总书记在国家博物馆参观《复兴之路》展览时，曾引用此诗句。他提到，近代以来，中华民族遭受的苦难之重、付出的牺牲之大，在世界历史上都是罕见的，可谓“雄关漫道真如铁”。改革开放以来，我们不断艰辛探索，终于找到了实现中华民族伟大复兴的正确道路，正是“人间正道是沧桑”。而现在，我们比历史上任何时期都更接近中华民族伟大复兴的目标，比历史上任何时期都更有信心、有能力实现这个目标，一定是“长风破浪会有时”。

“长风破浪会有时，直挂云帆济沧海”不仅描绘了壮丽的航海画面，更蕴含着深刻的人生哲理和启示。它时刻激励着我们，无论是在各种困难与挑战面前，还是处于人生低谷期，都要保持乐观心态，相信自己的能力与潜力，做到心中有目标，脚下有力量。只要坚持不懈，积极进取，敢于突破自我，勇往直前，就一定能立于不败之地。目前，中华民族伟大复兴的蓝图已经绘就，奋斗路上，机遇与挑战并存。只要举国上下同心，撸起袖子加油干，民族复兴伟业就一定能实现。

拓展阅读

“愿乘长风破万里浪”是南朝宋名将宗悫（què）年轻时候的言志之语，他就是李白《行路难》历史典故中的人物。宗悫少年立志终成英豪，他从小就勇气非凡，年仅十四岁就能打散闯入家中的盗贼；在南朝宋发兵攻打林邑国（今越南中南部）屡败之际，宗悫出战，面对敌方连绵不绝、骑着披有铠甲的大象的士兵，他用狮子模型惊得象群四处奔逃，巧妙获胜，“收其异宝杂物不可胜计”（《宋书》）。但他却不为财物所动，一无所取，得到人们的称赞。孝武帝时期，宗悫担任左卫将军，后又被任命为光禄大夫，并赐予金印紫绶。465年，宗悫去世，后被追赠为征西将军，谥号肃侯。

宠辱不惊，闲❶看庭前花开花落；去留❷无意，漫❸随天外云卷云舒。

出处

明·洪应明《菜根谭》

注释

❶闲：悠闲、闲适。

❷去留：指人事的升迁、去职等变化。

❸漫：随意、自在。

译文

为人做事能视荣耀与屈辱无动于衷，保持心境平和，就像悠闲地欣赏庭院前的花开花落；对于升迁得失都毫不在意，如同冷眼观看天上的浮云随风聚散。

解读 此句格言出自明代洪应明之口，表达了一种对荣辱、名利淡泊的态度：得之不喜，失之不悲，传达出一种超脱豁达、乐观积极的人生境界。北宋文学家范仲淹的“不以物喜，不以己悲”（《岳阳楼记》）与之有异曲同工之处。

作为凡夫俗子，真的很难做到宠辱不惊与去留无意，因为“富与贵，是人之所欲也”“贫与贱，是人之所恶也”（《论语·里仁》）。但只要坚守道义，不断提高自我认知、提升人格修养，就能做到达观进取，笑看人生。

老子有言：“宠辱若惊，贵大患若身。何谓宠辱若惊？宠为下，得之若惊，失之若惊，是谓宠辱若惊。”（《老子·第十三章》）老子认为，无论是得到宠爱还是受到侮辱，都会让人感到惊惧不安；对宠辱特别敏感的人，都是追名逐利之人。

“宠辱不惊，闲看庭前花开花落；去留无意，漫随天外云卷云舒。”这句话蕴含着丰富的人生哲理与智慧，给处于种种竞争压力下的现代人以心灵的启迪。它提醒我们，在任何时候都要有定力，心境不随外物变化而过度波动，保持随遇而安的生活态度；但也要学会接受人生的各种不确定性，不为外物所累，追求一种内心的满足与幸福。

拓展阅读

庄子一生贫穷困顿，却鄙弃权势名利，在“窃钩者诛，窃国者为诸侯”（《庄子·胠箧》）的乱世中保持独立人格，追求逍遥自由的精神生活。鸱（chī）得腐鼠的故事，将其看破功名、不屑利禄的洒脱形象描述得淋漓尽致。据说惠施在梁国当相，庄子前去见他。惠施担心庄子取代自己正在四处搜捕他，庄子不请自来后，便对着惠施展开了一番令人拍案叫绝的讽刺。他将自己比喻成凤凰，“非梧桐不止，非练实不食，非醴泉不饮”，却把一只逮到死老鼠的猫头鹰吓得不轻。惠施听后，知道在庄子眼中自己就是那只猫头鹰，而自己特别看重的梁国相位，庄子却视之为一只死鼠而已。这个故事不仅生动地展示了庄子自由、洒脱的精神追求，也深深地讽刺了世俗功利与权力斗争。

后记

“中华传统美德格言集萃丛书”的编纂出版，得到了山东省委宣传部的大力支持。山东省委常委、宣传部部长白玉刚对本丛书高度重视，提出明确要求；省委宣传部副部长张同海统筹指导丛书编写工作，省委宣传部文化传承发展处进行具体指导并审改了书稿。

曲阜师范大学党委书记邢光，党委常委、副校长李兆祥，党委常委、纪委书记陈丙波进行了具体统筹协调，调配了马克思主义学院、历史文化学院、孔子文化研究院、美术与书法学院等校内各单位的力量，充实到写作团队中。孔子文化研究院王钧林教授和颜炳罡教授、历史文化学院姜开勇书记、马克思主义学院孙迪亮院长和陈庆国书记对丛书编写都给予了有力指导。

丛书编纂团队共八名成员，成积春教授、宋立林教授担任主审，任松峰编著《崇德之道》，王汉苗编著《做事之道》，王德成编著《做人之道》和《待人之道》，蒋开天编著《持家之道》，齐高龙、任松峰编著《爱国之道》，徐佰义编著《和合之道》。编写过程中，团队成员密切配合，通力协作，高质高效完成工作任务，本书得以顺利出版。同时，本书的编写出版还得到了济宁市委宣传部、济宁医学院、有关专家学者、山东文艺出版社董国艳编辑团队的鼎力支持，在此，一并表示感谢。

丛书参阅的中华典籍种类多、范围广，尽管做了充分收集与查阅，但鉴于编者学识能力所限，难免有不足或失当之处。加之中华传统美德博大精深、深邃厚重，编者辑选的格言仅仅是其中很小的一部分，是否精当也尚待检验。敬请批评指正。

编　者

2025 年 3 月